白田明子

母を亡くした女性たち

「マザレス女性」は何を思い、どう生きたか

花伝社

はじめに

「まさか」は、起こる。

早くに母親を亡くした女性たちにインタビューをしていて、よく耳にする言葉だ。母の死は突然訪れることもある。

娘の結婚式当日の朝に病気の発作で亡くなった母がいる。当日は花嫁の母として出席するのを楽しみにしていたのに……。また、祖母の亡くなった翌日に交通事故で亡くなった母もいる。娘からすると、母と祖母をほぼ同時に亡くした訳だ。20数名の話を聴いただけでもこの状況だ。誰も未来のことは予想できない。

世界はコロナウイルス感染症を経験し、人々はこれまでにない規制と自粛、そして不安に直面した。更には、ロシアのウクライナ侵攻、イスラエルとハマスの戦争が起こっている。私たちは東日本大震災、阪神・淡路大震災を経験した。そして今年は元日に能登半島地震が起きた。誰がこんな自然災害やパンデミック、または戦争が起こるなどと事前に予想できただろうか？

そう、「まさか」は起こるのである。そして、「絶対」はあり得ないのだ。

人生における絶対的真理は「人は母から生まれる」ことと、「人は必ず死ぬ」ということだけだ。

私は27歳で母と死別した。女性にとって母親は良かれ悪しかれ、ロールモデルだ。その母を人生の早いうち、つまり10代20代またはそれ未満に亡くした女性たちはどのような人生を送っているのだろうか？　誰をロールモデルにして、誰を頼って生きてきたのだろうか？　どんな苦難を乗り越えてきたのだろうか？　それを仲間として知りたいし、お互いに励まし合いたい。それが、私が「マザレスお嬢」という団体を創ったきっかけである。

私の母との死別ストーリー

私は27歳の時、悪性リンパ腫というリンパ液のがんの一種で母を失った。その約2年前に母のがんが発覚し、脾臓《ひぞう》に出来たがんの摘出手術をした。脾臓という臓器があることをその時初めて知った。「がんでも、手術すれば治るもの」、そう私は勝手に思っていた。しかし、母は一向に快復せず、入退院を繰り返した。当時、私は大手企業で正社員として働きながら一生懸命看病し、時には病院に一泊してからそのまま出社したこともあった。それなのに、母は死んでしまった。

「こんなに努力したのに、この結末は何!?　あんまりじゃないか！」。私は神様に対して怒りを覚えた。私にとって「努力しても報われない」という経験は、これが初めてだった。

全く腑に落ちない。あんなに看病したのに最も望まない結末になってしまった。葬儀の日は

2月の寒い曇天で、強風が吹き荒れていた。まるで、母の無念さを表しているかのように。
私はその時、4つのことを思った。

①命は案外短い。だから、自分が元気なうちに、やりたいことはやるのだ。
②母は人生でやりたいことをやったのかしら？　いや、恐らく違うだろう。私はやりたいことを早く見つけて、それをしたい。
③家族は上の世代から亡くなっていくから、後世に家系が伸びるよう次世代を産まなくては。自分の家庭を持ちたい。子どもが欲しい。自分の遺伝子を残したい。
④27歳でもこれだけ辛いのだから、もっと若くして母を亡くしたらどれだけ辛いことだろう。将来、そういった人たちの役に立ちたい。

私は特に④から、母親を亡くした女性の団体、「マザレスお嬢」を立ち上げたのである。

この本を書いた理由

その経緯は第1章で詳しく述べるが、「マザレスお嬢」の発足には、毎日新聞、朝日新聞、読売新聞、信濃毎日新聞、弁護士ドットコム等の取材が入り、記事が掲載されると、Yahoo!ニュースに転載された。また、クラウドファンディングを実施し活動資金を募ったところ、目標を達成でき、世間に注目していただいた。反響は大きく、賛同の声や問い合わせが来たり、五月雨式に「私も当事者です」と名乗り出てくれたりした。

集会とは別に、個人的に許可を取って、積極的なメンバーのマザンス人生をインタビュー調査で聴くうちに、あまりに素晴らしい話が多いことに気づいた。多くの人に聞かせたいほど、力強く、美しいのだ。お話を聴けば聴くほど、「これは世の中の人の多くが知らないことであろうから、知らしめないといけない」という使命感まで抱くほどになった。それが、この本を書いた理由である。

私たち一人ひとりが異なるように、あなたと全く同じ悲しみの経験をした人はいない。しかし、皆の状況はどこか似ているので、人の話の中にも部分的に「あ、私もそう思った」「私もそれを経験した」と共感できる点があるはずだ。それを大事にしていってほしいのである。「あのように思ったのは、私だけじゃないんだ」と。

母を亡くした悲しみはゼロにはならない。しかし、ゼロに近づけることはできる。悲しみを軽減することはできるのだ。そのお手伝いができれば、本望である。

母を亡くした女性たち◆——「マザレス女性」は何を思い、どう生きたか

第1章　母親を亡くした女性たち

1　任意団体「マザレスお嬢」設立

マザレスとは？

「マザレス」とは、英語で「母親がいない」を表す〝motherless〟に由来する。発音記号は[mʌ́ðərlis]となり、カタカナで書くと「マザーレス」ではなく、「マザレス」（マザリスに近い）である。

母親のいない女性たちについて最初に取り上げた書籍は、アメリカのHope Edelman（ホープ・エーデルマン）という女性が書いた〝Motherless Daughters〟（初版は１９９４年）である。発売されるやいなやベストセラーになり、17カ国で11言語に翻訳された。日本では『母を失うということ：娘達の生き方』という題で翻訳され、ＮＨＫ出版から１９９５年に刊行されている。

私は最初、「マザレス女性は、何に、どのように困っているかを明らかにしたい」と思い、調査会社2社に打診した。すると（真偽のほどは分からないが）、1社曰く「持っているモニターで20代女性は1万人いるが、そのうち母親と死別したのは15人した該当者がいない」という。更に「これは答えたくないであろう質問」だから、「答えてくれる確率は更に低くなるだろう」とも言われた。別の会社は「調査自体は引き受けても良いが、そのような該当者が存在するのか皆目見当が付かない」と答えたので諦めた。ちなみに、それ以前も調査会社を使っての調査は数回経験があるが、調査会社が断る事例は珍しい。そんなにマイノリティなのか、答えにくい質問なのかと改めて認識し、落胆したが、「それなら私が直接マザレス女性を集めて聞くしかない」と思いは強まった。

また、本当は自分が参加したくて、母親を亡くした女性の団体を探したが、見当たらなかった。無いのならば自分で作るしかない。下の娘が大学生になり、自分の時間が増えたタイミングで、特に母親を若い頃（主に10代20代）に亡くした女性に限定した団体を作りたいと思った。ある程度の年齢になって母を亡くすことは自然現象だが、30歳未満で亡くした場合、被る不利益は甚大である。これから、大人に向かって歩みを進めていく中で、子ども時代とは違った母親との付き合いから学ぶことは、きっと大きかったに違いない。

最初は、該当する女性たちを友人知人から紹介してもらい、お話を聴き始めて背景理解に努めた。そして、遂に２０１８年5月の母の日に、任意団体「マザレスお嬢」の発足式を東京・

渋谷で行った。ちなみに当団体名である「マザレスお嬢」は、エーデルマンの著作のタイトルを、当時の設立メンバーで和訳したものだ。

実は私はグリーフケアの団体を一度訪ねたことがある。「グリーフ（Grief）」とは親しい人を亡くした時に経験する哀しみ、無力感、怒り、後悔などを指し、「ケア（Care）」は、その気持ちをいやす、寄り添うことだ。しかし、そこでの経験は私の期待したものとは異なっていた。参加者が「大事な人を亡くした人」といっても、亡くした対象が配偶者や子どもとまちまちで立場が異なるため、共感は得にくかったのである。それぞれに悲しいことだとは理解できるのだが……。

そして、私たちは2018年5月の母の日に、発足式かつ第1回目の集会を東京・渋谷で行った。この日は新聞社も来てくれて、記事に掲載された。それ以降、1年に4回、2月、5月、8月、11月に集会を開いており、特に新しく参加した方の悲しみ、苦しかった話に耳を傾けている。

死別のみの理由

マザレスは「母親がいない人」という意味なので、両親の離婚での母親との離別や蒸発も含まれるが、当団体「マザレスお嬢」は実母と死別の方のみを対象としている。理由は2つある。

1つ目は当団体の集まりで「離別の方も参加してもよいか？」と議論した時に、反対意見が出たからだ。「離婚で離れた母親は長年連絡がなかったり、不仲であっても歳を取ってから和解し良好な関係になった人はたくさん知っている。そういう可能性がある人たちと、二度と母に会えない私たちとでは違う」というものだ。確かに説得力があるし、似た話を私も知っている。

2つ目の理由は、母親と離別の方には団体が多数あることだ。子どもの団体NPO法人「ウィーズ」の代表、光本歩さんは「母親との離別と死別の混在の集会」を催したことがあったそうだが、その結果「死別の女性たちが、離別の人によって傷ついた」という事態が起きたという。おそらくはその「可能性」の問題が原因であろう。

早期死別のみの理由

「マザレスお嬢」のもう1つの特徴は、早期死別の女性のみ対象としている点だ。これは、女性の人生にはやはり、結婚と出産育児が大きい割合を占めていると私が思うからだ。「人生の相談役である母」がいない状態で結婚し、出産するのは、マザレス女性にとって負担が大きい。そこで、お互いにどのようにこの困難を乗り越えてきたのか知恵を語り合う、または苦労をねぎらい合う場としたいのだ。

もちろん、未婚の若い女性にとっても結婚出産は不安だろうが、ここでマザレス先輩達からの経験談や知恵をもらえば、だいぶ勇気付けられるに違いない。そう考えると、最初の出産が40歳くらいまでかと思い、区切らせてもらっている。しかし、実際には30歳ぐらいまでに亡くした方しか集会に来ない（現在の年齢は問わない）。

自分が40歳以上で母親を亡くすことは、悲しいことではあるが、ある程度自然現象なので私たちより諦めもつきやすいのかもしれない。宮崎・斎藤の研究（2003）によると、40代の娘（既婚）は60代の母親ががんで死んでも、非常にポジティブな返事をしているという。彼女にとってそれが初めて経験する身近な人の死だったにもかかわらず。

「大変だったけれども、母からは色々なことを教えてもらって、感謝している。だから、全体としては幸せだ」

やはり、女性も40代になれば、結婚も出産も幼児期の手がかかる育児も終わっているであろう。だから、母の死にある程度納得できるのかもしれない。そういう方々は、別の団体を作ればよいと思う。

実際に、30歳以前に母を亡くした女性だけの当会でさえも、母を亡くした時の自分の年齢の違い、既婚／未婚、子どもの有無、現在の年齢、母の死が突然だったのか、闘病期間が長かったのかで、思いや苦労、悩みは異なる。「違い」を挙げだしたらきりがないのだ。しかし、我々のような団体にはある程度の「当事者性」と「細分化」が必要だと感じている。つまり、主催者がその当事者であること（私もマザレス）と、細分化は「主に30歳くらいまでに母を亡くした女性」に限っている点である。その方が、よりきめの細かい話が出来て満足度が上がるのだ。それ以上の細分化は、会で出会った人同士で自己責任において連絡先の交換などを自由に行ってもらっている。しかし、そこで起こったトラブルには当会は関知していない。

母親を亡くした哀しみを引きずる女性は多い。いわゆる〝毒母〟ではない限り、多くの女性は母親の精神的庇護のもとで暮らしていると思う。後述するが、皆さんが言う「無条件に私を愛してくれる存在」なのは母だけなのかもしれない。

マザレス女性は「早く悲嘆から快復しなさい」と言われるのが嫌なのだ。女性は皆必ずしも快復したいわけではない。自ら語り、同情されたいのだ。共感されたいのだ。具体的には「辛かったね」「それなのに偉かったね」「頑張ったね」と言われたいのだ。認めてもらいたいのだ、誰かに。フロイトの言うように、親を失った悲しみは年月とともに自然と薄れていく。しかし、あるときふとしたきっかけで、思い出して悲しむ場合もある。完全にゼロにはならないのだ。ただ、少しずつ癒されて、ゼロに近くすることはできる。

2　ひとり親家庭の実情

ひとり親家庭について

厚生労働省は「全国ひとり親世帯等調査」を行った（子ども家庭庁が現在の担当）。この調査は5年に一度しか行われないため、最新のもので令和3年度のものだ。それによると、ひとり親家庭とは母子家庭、父子家庭、養育家庭の3種類に分かれる。厚労省による定義は、それぞれ以下となる。

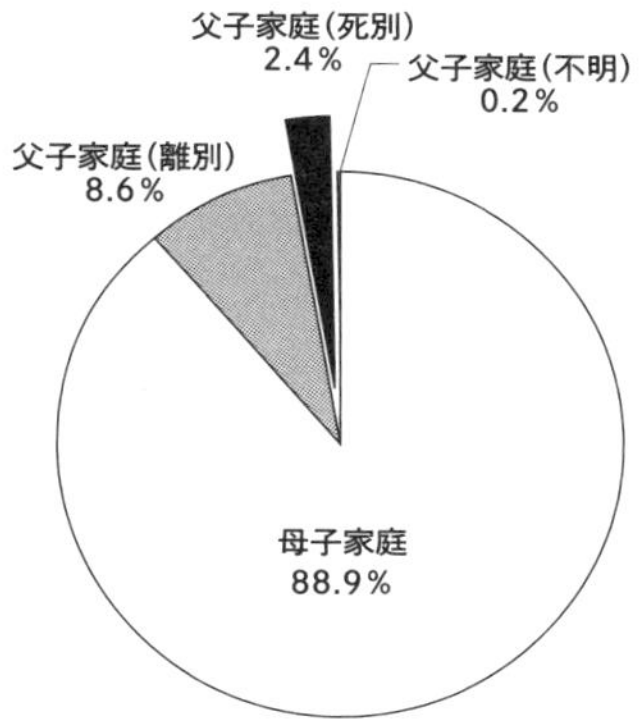

図１　ひとり親家庭

母子家庭：父のいない児童（20歳未満の子どもで未婚の者）がその母によって養育されている世帯。
父子家庭：母のいない児童（上記と同様）がその父によって養育されている世帯。
養育者世帯：父母ともにいない児童（上記と同様）がその祖父母などによって養育されている世帯。

その世帯数を見ると、母子家庭世帯は１１９・５万世帯。そのうち離別によるものが93・５％、死別によるものが５・３％。父子家庭世帯は14・９万世帯。そのうち離別によるものが77・２％、死別によるものが21・３％であった。養育者世帯数に関してはデータが掲載されていなかった（注：合計が１００％にならないのは、調査用紙の回答欄に未記入があるため）。これを比率にしてグラフにしたのが図１である。

このように母親の死別による父子家庭は大変なマイノリティである。さらに父子家庭の特徴として、母子家庭より祖父母との同居率が高く、39％がそれにあたる（父死別の母子家庭の同居率は34％）。ちなみに離別も含めた母子家庭合計では35・2％、父子家庭合計では46・2％と、祖父母らとの同居率は高い。

父親は母親が亡くなったからといって、転職などはせず同じ仕事を続ける率が高い（父子家庭総合で、父子家庭になったことで転職した父親は18・3％しかいない）。したがって、父親の収入は母子家庭のそれより高い。母自身の平均年間収入は272万円、父自身の平均年間収入は518万円、世帯年収は母子家庭平均373万円、父子家庭平均606万円であった。このことから、父子家庭は祖父母と同居して、子供の世話を祖父母に依頼し、父親は稼得力を維持しているようだ。

「マザレスお嬢」の活動

「マザレスお嬢」は、今まで3か月に1回のペースで22回の集会を行ってきた。募集は24回行ったが、参加者がいたのは22回である。コロナ禍においては、ZOOM会なども行った。固定メンバーと新メンバーが混ざり合う感じで、ちょうど良い塩梅だ。私たちの団体は積極的なグリーフケアを専門には行ってはいない。むしろ、グリーフケアという言葉もない時代に、手さぐりでもがき苦しみながら、結婚し子育てをしてきた私たちは、その想いを語り合いたいのだ。辛さや頑張りを共感し合いたいのだ。それを一番の目的としている。

そして、母を亡くした悲しみがだいぶ薄れた方も、そうでない方も、まずは語れる場合は自分の経験や気持ちを語ってもらっている。更に色々なマザレスゆえの経験談を聞くことで、他者の話からヒントを得てもいる。いわゆるピアカウンセリングである。ピアカウンセリングとは、同じ経験をした仲間同士で話を聞き合い、受容し、認め合い、慰め合う自助グループ活動のことだ。誰かが話し出したら、「全員でじっくりその話を聴く。うなずき、否定せずに最後まで聴く」という傾聴のマナーは守ってもらっている。

「マザレス会がYahoo!ニュースに出た時（２０１８年６月）に知って、行きたいと思ったのですが、なかなか決心がつかなくて……２年経ってようやく参加できました」という方もいる。とても繊細な問題なのだ。そういう方も、会では結構お話しされて、帰りには「来て良かった」と言ってくださる。その言葉を聞くと私も嬉しくなる。

3　調査概要

これから本書では、マザレスお嬢の会を通じて取得した情報や個人の体験談を披露するが、会の運営について述べておく。

参加者たち

マザレスお嬢の活動は2018年5月から、基本的に私が一人でボランティアで行っている。年に4回開催しているが、参加の呼び掛けは、グループLINEの他、フェイスブック、ニクチーズなどで行なった。何人かのコアメンバーがお手伝いをしてくれている。

会の存在が広く知られるようになったきっかけとしては、朝日新聞、毎日新聞等のメディアに取り上げられたことが大きい。のちに弁護士ドットコムのインタビュー記事が写真付きでYahoo!ニュースに掲載されたが、それを見て参加した人も何人かいる。また、クラウドファンディングを通じて知った方も多い。その他、自分で母と早期死別の団体がないかと色々と検索し、ここにたどり着いてくれた方もいる。

上記のメディア記事を見て興味をもったが、自分の中で葛藤があって初めは参加を思いとどまったという声もあった。参加して逆に傷つくことがあるかもしれないと思ったからだが、ようやく決心がついて参加した方も複数名いる。

初期の頃は最大11人集まったこともあるが、コロナ禍以降はZOOM開催で、私を含めて4人以下で話をする会となっている。顔出し、実名参加がルールで、連絡先も教えてもらっている。このルールのおかげか、皆さん一人で参加し、とても自律性のある方たちである。主に新しく参加したメンバーの悲しみ・苦しみの話を傾聴し、同情し励ましている。最高は連続8回参加された方もいる。

質問については全員に同意を得ており、結果が後に出版物になることも了承を得ている。ただし、本人が特定されないように偽名を使ったり、地域もぼやかしたりすることになっている。いくつかの設問は事前に渡してあるものの、基本的には本人に自由に話してもらって私が傾聴し書き取るかたち、つまり半構造的インタビューのかたちを取っている。こちらから質問して全て答えてもらうかたちではないので、答えにむらがある。ご本人が嫌がることは訊いていない。私自身がマザレスだから、無理やり答えたくないことを訊かれるのが嫌なのはわかるからだ。したがって、お母様の亡くなったときの年齢などを訊けていない人もいる。

驚いたのは、インタビューの際、自ら作成した年表や思いを文書にして持参して渡してくれた方が数名いたことだ。長い間、同じマザレス女性相手に話したかったんだなと、その熱意に感動した。

調査期間は2017年11月から2021年1月まで。了解を得た24人に私がインタビューし、私を含む合計25人のマザレス女性たちの声を集めた。

彼女たちが母を失った時の年齢は0歳から33歳まで、平均すると20歳だった。インタビュー時の年齢は21歳から59歳まで、平均は44歳だった。つまり、約24年前のことを語っており、この時間経過が、インタビューイーの冷静な言語化に寄与していると思われる。

父子家庭だった人は少ない。父子家庭の定義は「20歳以下の子どもと同居」であるが、「ひとり親家庭」の「父子家庭期間」を経験した者は6名いた。父が再婚した者は4人だが、継母に育てられた期間がある者は2名のみ、残りの2人は本人が成人後に父親が再婚したケースである。

20歳未満で母を亡くした11人のうち5人は、死別以前から祖父母と同居の拡大家族で生活していた。残りの6名の中で、1人は父が再婚したため、もう1人は自身が学生寮に入ったため、父と子供だけの世帯を経験したのは4人である。家事については、母親の死後すぐから家政婦さんをフルタイム（9~17時の週5日）で雇った家が2軒ある。とは言え、娘である彼女たちももちろん家事を担った。

この調査の参加者たちは、「家事と学業の両立」という期間が比較的短い者が多い。あとは、本人が成人した後や結婚後に母が亡くなっているので、「父子家庭」の定義からは外れる。しかし、中には闘病期間が長かったお母様もいらして、そういった家庭では娘が母の看病、家事、学業と奮闘したことを忘れてはならない。

オートノミーの問題

自分で調べて、考えて、決断して、実行する。そしてその決断や行動に責任を持つ——簡単に言えば、これがフェミニズムにおける女性の自律性、「オートノミー（Autonomy）」である。

私の大学院時代、シドニー大学で「フェミニズム理論」という必修科目があり、教授たちは何度もこのオートノミーを女性が身につける重要性を説いていた。経済的自立だけを示すのではないことを強調していた。

これは簡単そうに見えて、実はそうでもない。特に既婚女性で幼い子供がいる人がオートノミーを伴った行動を実行することの難しさを感じる。

会の多くのメンバーは既婚者で子供もいる方たちだが、一人で参加しに会場にやってくる。皆さんは夫に子守を任せてきたそうだが、これが出来る人は意外と少ないのだ。

後述するが、マザレス女性の家事や子育てにおいて、伯母・叔母の多くは役に立たなかったという。これは、おばが自分の夫に気を遣ってしまい思うように行動できないことに原因があった。私の知人女性でもボランティア活動等収入を生まない行為を、夫から禁止されている人がいる。「ボランティア活動をするくらいなら、その時間とエネルギーを家事・育児に注げ」という理由だそうだ。

このように夫の指示に従って生きるのはオートノミーがあるとは言えない訳だが、マザレス女性が直面した苦労を考えるなかで、オートノミーは女性の生き方に大きくかかわってくる概念であると実感する。本書をフェミニズムの観点から読み解くとき、オートノミーということを意識していただけると、より広範な問題の考察に役立つのではないかと思う。詳細を知りたい方はスタンフォード大学のＨＰ（Feminist Perspectives on Autonomy（Stanford Encyclopedia of Philosophy））をご参照いただきたい。

第2章　海外における先行研究

西洋とは異なる日本人の悲しみ方

親と死別した悲しみについての研究の歴史を、ごく簡単に述べる。

愛する人との死別後におこるグリーフ（悲嘆）研究は、精神科医のフロイト（Sigmund Freud）に始まる。フロイトはそれを、時期が来れば克服されるとした（1917）。

日本のグリーフについてはジョー・ヤマモト（Joe Yamamoto）と小此木啓吾らがアメリカの学会誌に次のように発表した。西洋のように愛着を死によって断ち切るのではなく、「死者との絆を保ちながら関係性を変化させていく」やり方だとし、西洋思想の元にあるグリーフケアのあり方に一石を投じた（Yamamoto & Okonogi 1969）。また、クラス（Klass）らも、日本の仏壇祭祀などが日常に溶け込んでいることから、残された家族にとって宗教的な故人との結びつきは「絆の継続モデル」として理論化した（Klass et al. 1996）。

日本人の場合、家に仏壇等対象物を置いて故人を拝むうちに、家族の絆を感じながら徐々にグリーフ感情が薄れていくようだ。

なぜ、母親と娘の関係が重要なのか？

本書が親との死別を「母と娘」に限定している理由は何か。筆者が思うに、女性にとって母親は一番の人生のガイド役であり、良くも悪くも女性のロールモデルである。また、多くの研究で、母親と娘の関係はどの文化でも女性の人生の中心部分を構成していると述べられている（Davis & Jones 1992; Edelman 1994; Lokker 2010; Rastogi 2002）。よって、早くに母を亡くすことは、その女性の人生に多大な影響があると考えられる。

精神分析では、ナンシー・チョドロウが「なぜ母親は喜んで子育てをするのか？」という疑問を掲げ、結果「母親は喜んで子育てするように心理的に仕向けられる」という心理メカニズムと、「母親が子育てする」という社会的条件によって成り立っていることを発見した。女性が子育てをすると、育てられた女子は子育てを喜ぶような心性が身につくという再生産メカニズムが存在しているという（男子には身につかない）。母子分離の過程で男子は女性を蔑視し、女子は自己犠牲を内面化するという（1981）。

また、日本の精神分析の第一人者斎藤環によると、「父殺し」は出来ても、娘による「母殺し」は出来ないという。なぜなら父は外部の人であるのに対し、母の娘支配というのは無意識のうちに娘の内面にまで深く入り込んで、内側から娘の自覚無しに支配し続けるからだ。母を殺すとなると、自分も傷つけてしまう自傷行為になるのである（2008）。

また、母親を亡くした若い女性の場合、自分の哀しみだけでなく、亡くなった母親に代わって家族の世話をしなくてはいけないので、より困難に面していることが指摘される(McGoldrick 2004: 24)。女性の方が男性より親の死後、高いレベルの抑うつ状態を経験し、人間関係形成が困難になることもわかっている(Holland 2001)。従って、女子の方が大きな悲嘆と性別役割意識が影響している可能性が高いと言え、それゆえ母と娘の死別を重要視するのである。

1　母を亡くした女性に特化した研究

エーデルマン『母を失うということ』

ホープ・エーデルマンの『母を失うということ』(ＮＨＫ出版、１９９５)が世界的に売れたのは、初めて「母親と(早期に)死別した女性」に焦点を当てた本だからであろう。

彼女は17歳の時に母親を乳がんで失った。母親はまだ42歳であった。彼女が新聞広告や喫茶店に張り紙をして自身と同じように母親を失った女性を募ったところ、数百名から手紙が来たという。そして、詳細な質問用紙を入れて送付したところ、１５４名から有効な返事が来た。実際に会ったのは92名だという。失った年齢は比較的若く、12歳以下が32%、13~19歳が42%、20歳以上は26%であった。ただ、エーデルマンは母と死別した時の娘の年齢は不問としたので、50代で母を亡くした女性も登場する。また、親の離婚による母との離別の人と、母が蒸発した人も含んでいる。

　この本は手紙やインタビューで聞き取りを行っており、心理学での先行研究も入れて考察しており大変意義深い。１９９４年にアメリカで出版されて以降、今でも学術論文に引用されている。

　内容は、エーデルマン本人の母を亡くした体験記や母との思い出、母への気持ちの叙述が多くを占める。中でも彼女の母親の闘病の様子は、真に迫るものがある。母を亡くして約30年が経ち哀しみが風化したと思っている私ですら、フラッシュバックして読み続けられない。

　欠点としては、話題に統一感がなく話が飛びがちなことだ。マザレス女性は逞しく男性的だと言いつつ、母との思い出や世間に対しての恨みつらみ等の情緒的叙述が多い。また、内容を詰め込み過ぎの傾向がある。そして当然ながら、掲載されている情報は古く、また、アメリカという国ゆえの事情も散見される（兄弟姉妹が多い、奔放な性生活で悲しみを紛らわした等）。この本に登場する「金だけ大量に娘に与え、それ以外父親らしい世話や教育をしなかった父親」は、私のヒアリングの範囲では出てこなかった。

　しかし、いくつかのポイントは私のヒアリング調査とも一致し、この問題が洋の東西を問わず普遍的なことであると痛感させられる。以下、私が共感を覚えた箇所を列挙する。
○アメリカでは母親の死で残される幼児や青少年は、毎年少なくとも12万5千人を数えるという。10年間では100万人以上だ。アメリカは母親のいない子どもたちであふれている国、それなのに母親が死ぬかも知れないことを認めたがらない国なのだ（20－21頁）。
○父親の死は、心の大きな痛手とはなるものの、それほどの憤りや驚きを招かない場合が多い（20頁）。
○母親を失うことに対する社会的抵抗は、実のところ心の奥に潜む拒否の現れだ。母親は子どもが何歳になっても慰めと安心の象徴であり、母子の絆はかけがえのないものだからだ。それが断たれるのは、「子どもの心の死」に等しいからだ。母親の不治の病は誰にとっても悪夢であり、想像を絶すると同時に無視できないものだ（21－22頁）。
○大人ですら、今存在する自分の母親が亡くなることを考えたがらない女性は多い（22頁）。
○親の死ほど、ティーンエイジャーの成長を早めるものはない。考え方、責任感、認識力などが、一夜にしてそれまでの10倍も成熟する（102頁）。
○（思い出の中の）母がいつまでも若いのは、寂しいけれども美しい。母が老けるのを見なくて済む。介護の心配をしなくて済む（108頁）。
○どの年齢の子どもでも、のちの苦しみの大きさを決める重要な要素は、母親の死そのものではなく、母の死後も愛に満ちた献身的な世話が受けられるかどうかだ（76頁）。
○「私は困難を切り抜けてきたのよ」と大部分のマザレス女性はそういう。若くして不幸な目に遭ったため、喪失感を抱えながらも、それでも自分のことは勿論、父親の世話、年下のきょうだいの世話もしてきた。だから、自分の欲求を抑えつけなければならなかった。その結果としてたくましくなり、自立し、意志が強くなったのだ（２７５頁）。
○妊娠中は特に「ひとりぼっちだ」と感じる割合が高い。妊娠中は人に頼ることが自然と多くなるので、自立した女性でも、自分の心身のケアはできない。安定と信頼を強くほしがる時期だからだ（３６２頁）。
○調査した内に約半数の女性は、子どもを産むことを怖がっていた、という。自分が早死にして、自分の子どもをまた母亡し子にしてしまうのではないかという不安からだ（３５２頁）。
○母の死というおおきな苦難を乗り越えたので、その後の人生に訪れる普通の苦難は母の死に比べれば大したことないという「危機の縮小化」という現象が起こる（４００頁）。

2　アメリカの39人のインターネット調査

次に、２０１６年にアメリカで実施された、Rastogi & Bhatia のインターネット調査を参照したい。調査した2人のうちひとりは、若い頃に母を亡くしている当事者でもある。マザレス女性が調査をするには当事者が担当した方が、設問の作成と答えに対して一層理解が深まると述べている。私の場合も、エーデルマンもそうだ。

18歳から30歳の間に母と死別した女性39人を対象としている。参加者の年齢は23～67歳で、平均すると34・5歳であった。白人、黒人、アジア系、ラテン系（ヒスパニック）が意図的にほぼ同数になるよう調整されているので、人種の偏りはない。また、他の条件では「現在片方の親は健在であること」、「英語で流暢に会話が出来ること」であった。参加者は口コミで「マザレス・ドーターズ」関係の組織で募ったそうだ。

①アイデンティティの問題

アイデンティティに関して、あるラテン系女性は「母が文化的習慣や価値観を教えて育ててくれた。これからはその情報が入らないので困る」と言う。「強い母親の足跡をたどりたい」、つまり、母のようになりたいから、同じ仕事に就くなど母の真似をする。「死んだ母そのものになりたい」という人もいたが、結局「私は亡くなった母本人にはなれないことが分かったわ」と気づいた人もいた。

母と自分のアイデンティティ分離を試みるも、難しいという人もいた。早期に死別したことで、女性であることや国籍、民族などの不可分な領域しか共有できなかったことがその理由だろうか。

②キャリアの問題

エーデルマンは、母を早くに亡くした人の方が、母がいる者より「社会で大成する者」の割合が3倍も多いと指摘する（Eisenstadt et al. 1989）。しかし、この調査ではそうでない人もいるとある。母の死がショックで勉学に集中できず、大学を中退してしまったというケースもあった。

「キャリアより家族の中の役割を担いたい」と自分の気持ちに変化があったのは10人もいた。家族内の母の穴埋めを自分がしたくなったのだという。ある人は、母親が生前自分に期待していなかったから、「お母さん、違うのよ！（私は実はこんなに活躍できるのよ！）」と証明したくて頑張っていると答えた。

一方で、母を反面教師にして「母のように経済的に依存した人生にしたくない」と述べた人もいる。10人は母の晩年の期待を背負って、社会における地位向上を目指している。病床の母親から「将来博士号を取りなさい」と言われた女性は、今それを遂行中という。

このように母の喪失は、ある女性には社会的キャリア追求の障害になり、一方で励みにしている女性もいる。

③信仰と価値観

39人中25人が、自分の「信仰する宗教」や自分が所属する「文化の価値観」が、彼女たちの喪失感に意味を持たせるのに役立ったと述べている。

キリスト教信者のある女性は、「母は死んで肉体はないけれど、精神は私のそばにいてくれて、私の守護天使になった」と述べている。また、ヨーロッパ系の女性は西洋的な価値観「(母が死んでも) 強くあれ!」というのは嫌だと言っていた。

中国系キリスト教徒の女性は、母の突然の死に気が動転し落ち着かなかったが、キリスト教よりもむしろ中国伝統の価値観で落ち着いたそうだ。一方、アジア系の女性たちは、文化的背景や信仰が「冷静・平然」を重んじ、「過酷な状況に面している感情」を重要視しないので、困難があったそうだ。

半面、西洋人でも無神論者は、「皆は将来『死んだら天国でママに会える』と言っているけど、私は天国があると思わないし、『またママに会う』って感覚も信じないから、なかなか癒やされない」と、喪失感から抜け出せない様子を語った。

④家族観

3割程度が将来子どもを持つことに不安を持っているが、残り7割はもう既に居る自分の子育てを楽しみ、まだ子どもがいない女性も、将来子どもを持つことを希望している。そして、亡き母親と子ども (自分) との絆を、今度は自分と子どもの間で再構築しようとしている。

また、多くの女性が「年上の女性で優しく頼りになる人」を探して、その出会いに感謝していた。会社の年上の同僚女性が自宅に呼び料理を教えてくれたり、彼女の家族のイベントに呼んでくれたり、必要ならハグもしてくれた。それが大いに役立ったという。

アメリカでは、こういった母親の代わりになるような存在を積極的に探す傾向があるようだ。私のインタビューでは「見つかるとも思わないし、探そうとも思いません」という意見が多数派であり、これは日米の興味深い差異といえる。

恋愛に関しては、母がいない寂しさを恋愛で埋める傾向が認められたそうだ。母親がいなくなって夫婦の絆が深まった人もいる。夫がパートナー一家をサポートしようとするケースである。

一方、思ったように彼氏や夫が私をサポートしてくれないから別れたなど、母の喪失を契機とした恋愛関係の破綻も見られた。

母との死別で、夫や彼との離別が怖くなる傾向も見られた。母を亡くした女性は、より大きな愛を夫や彼氏に期待し甘えたがるが、同時に再度の離別を恐れ、場合によっては関係構築を避ける傾向もみられる。「人間は出会っても、結局最期は別れるか死ぬかなんですよ」と悲観主義的な境地に至った人もいた。

こうした喪失への恐怖をパートナーは理解しなくてはならないと、心理ファミリーカウンセラーである著者らは指摘している。母という無条件で愛してくれる存在を失った女性たちは、自分のアイデンティティや自信を失う傾向がある。息子や夫との関係性に悩む女性の夫に、セラピストが「母を失った女性はこんなに悲しいんですよ」とアドバイスした事例も紹介されている。

この調査の欠点として指摘できるのは、どうしても調査の性質上、「インターネットが使えて、英語が問題なく使える人」しか参加していないということだ。更にこの調査では参加者に所得を聞いているが、アメリカの中流階級以上の階層の人が答えていたことも留意が必要だろう。

結論としては、若い女性が母との死別経験を耐えることは大変困難であり、女性用セラピー、宗教的セラピー、文化的セラピーを受けること、また、残された父親やその他の家族も同様に何らかのセラピーを受けた方が良いとしている。また、マザレス女性の文化背景とそこでのジェンダー役割を認識しないと、母親の喪失感を理解できないことも指摘している。

3　オーストラリアの10人のマザレス母親インタビュー調査

次に、Rowe & Harman による、オーストラリアにおける2014年の調査を紹介したい。調査者2人組は、自分たちがマザレス女性か否かには触れていない。18歳から第一子を妊娠するまでの間に実母を亡くした女性で、現在第一子が10歳以下の人と限られた。34～45歳の参加者は、フライヤー（チラシ）、新聞記事、人伝手に集められた。インデプス調査（じっくり話を聞くタイプの調査）でお茶を飲みながらなど本人が望むかたちで、ひとりの調査者がヒアリングした。調査時間は43分から95分間であった。

①グリーフについて

10人中9人がまだ哀しみはあると答えたが、その哀しみは時間の経過と共に徐々に和らいだ。ただし、折に触れ母の死を思い出して強く悲しむことはあるという。特に行事、自分の誕生日やクリスマス、イースター（復活祭）など、母と一緒に祝ったイベントは母が居ないことを再認識してしまうものだ。また、第一子の出産で、母を思い出して悲しむ女性も数名いた。「母に赤ちゃん（孫）を見せたかった」と。

ランドの研究では、母を亡くした女性は自分が親になったことで、育児中の様々なイベントで亡き母を思い出して哀しみに囚われるそうだが、次の例が当てはまる。

「私が子どもの頃、母とよくバレエ鑑賞に行きました。そして母は私にバレエを習わせました。その発表会には、母は私の衣装を縫ってくれました。だから、私の娘の初めてのバレエの発表会の時、母が居たら孫の衣装を縫ってくれただろうなぁと思ってしまうのです」

女性は次の三点で悲しむそうだ。まず、自分（私）の人生の大きな局面で母が居ないというのは寂しい。次に、亡き母にとって孫を見られなかったことは残念だろう。最後に、自分の子どもにとって、（母方の）おばあちゃんがいないというのは不憫だ（Edelman 2006）。

これをオーストラリアの女性たちは踏襲している。子どもに自分の亡くなった母親の写真や持ち物を見せて、母の思い出を語っている。ある人は亡くなった大好きな母との「つながっている感」をこれらで実現できるという。まるで、マザレス母親の今の家族（夫と子どもたち）の中に亡き母があたかも存在するかのようだ。これは珍しいことではない。母と娘の関係は、感情面での近さ、価値観や経験を分ち合うことが特徴だと言われているからだ（Holdsworth 2007; Suitor & Pillemer 2006）。

②実母からの育児サポートが受けられない

ちょっと美容院や歯医者、買い物に行くのに実母が頼れない（子供を預けられない）ことを嘆いていた。このことへのマザレス母親のストレスは大きい。10人の参加者中8人は、現在頼りにしているのは自分の姉妹と叔母さんだという。オーストラリアではエーデルマンの言う「マザーライン」（母方の親族で血がつながっている女性同士の絆）が存在した。

③親戚に関する知識の欠如

母の死によって、自分について、母について、母の親戚や祖先、家族の歴史についての知識が得られない。

「私の子ども時代はどうだったの？」は、大人になった娘からの定番の質問であるが、その機会を逸してしまった。おばあちゃんのお父さん（高祖父）は誰か、祖母の性格はどうだったのか。親戚の皆の誕生日や命日、結婚記念日。医学的な問題では、遺伝性の病気があるのか否かなど、母親から伝えられるはずだった情報は少なくない。

家族の歴史は自分のアイデンティティに関わってくるから、分からないのは重大である。

④些細なコミュニケーション

日常のちょっとした質問ができない。例えば、料理のコツを知りたいとき、母がいたら電話できた。これは珍しいことではなく、些細なことでもコミュニケーションを取るというのは、母娘関係の特徴である。

⑤家族状況から早く大人にならされる

母親との愛着が永遠に切れたとき、娘のアイデンティティに変化が起こる。一夜にして、自分を可愛がってくれる人はなく、自分が残りの家族にケアを与える方だと認識する。「早く大人にならなくちゃ」と本人が思ってしまうという説（Franceschi 2004）を支持している結果になった。

以上、オーストラリアのマザレス母親の調査では、目新しい発見はなく、いくつかの過去の研究を支持するのみであった。10人中7人が（2人から6人兄弟の中で）自分が「末っ子」であった。「一人っ子」だった人はいない。8人の母の死因はがんだった。また、人種的背景では、7名がアングロサクソン系オーストラリア人、1名がニュージーランド人、1名がイギリス人、1名がアフリカ系オーストラリア人であった。また全員が結婚しているか事実婚であった。自分が産んだ子の数は1人から4人までいた。参加者の学歴や現在の仕事、世帯年収等に関しては全く書かれていない。

4　アメリカ・バーモント州のマザレスな母親30人の調査

２００２年に公刊されたもので、調査者 Gina Mireault は自分がマザレス女性かどうか触れていない。これは地域新聞と「マザレス・ドーターズ」（ホープ・エーデルマンが作ったアメリカのマザレス会）の会報で参加者を募り、「18歳未満で母親を亡くし、現在18歳未満の第一子を育てている女性」を30人集めた。比較対象の女性らはマザレス母親たちの友人から選んでもらい、母親が健在な26人を集めた。４名は合意してくれた友人が見つからなかった。調査は電話で10分から最大30分のインタビュー調査を行った。

結論は、マザレス女性たちは母親としての自己評価は低いが、心理学的には、他の母親が健在な母親たちと何ら変わりはなかった。また参加者の半数が、〝Motherless Daughters〟の会員であった。だから、「私はマザレスだ」というアイデンティティが強いのかもしれない。ちなみにこの調査の参加者は、全員が白人で大卒、なおかつ世帯収入もミドルクラスの世帯に属する女性だった。既婚者が多いが、シングルマザーも少しいた。平均年齢は39歳で、平均9歳の第一子がいた。比較対象グループの母親健在の母親たちもほぼ似た境遇（白人、大卒、ミドルクラス）だった。37・5％のマザレス母たちは、亡母を母のロールモデルにしていた。一方、母親が健在グループでは73％が自分の母親を母親のロールモデルにしていた。マザレス母親で友人を母親のロールモデルにしている人はいなかった。

成人した子どもは、親との死別後6か月で「死別」より、「家族（夫婦）」や、「仕事」が主なイベントであった。親の死は成人した子どもに成熟の新しい段階を提供する（Chochinov et al. 1989）。また、別の研究では「結婚生活」は両親の死のトラウマから既婚の子どもを保護するという（Parkes 1998）。つまり、結婚している人は未婚の人より、親の死の悲しみが浅いということだ。この参加者たちも、調査に参加できるくらい回復しているのかもしれない。

5　アメリカの大学の博士論文（2023年）

調査者 Pombo, Adriana Setareh 自身がマザレス女性で、個人のフェイスブック内でフライヤー（チラシ）を使って参加者を一般公募。フェイスブック内のクローズドのグループ〝Motherless Daughters when Young〟（30歳以下で母を亡くした女性の会）内でも探した。

参加者の条件は、①18歳以上の女性と自認する人、②思春期（10〜19歳）に母親と死別した人、③英語が流ちょうに話せること、④現在アメリカ合衆国に居住していること、⑤母の死から1年以上経っている人（1年未満の人は傷つきやすくなっているので対象外にした）。

結果として、8人の女性が応募してきた。人種的にはヨーロッパ系白人が4人、アフリカ系黒人が3人、1人がヒスパニックとネイティブ・アメリカンとの子どもであった。

性別的には、全員がシスジェンダー（生まれた時の性別と性自認が一致している人）で、7人がヘテロセクシュアル（異性愛嗜好。ここでは男性を性愛の対象とみる人）で1人がパンセクシュアル（あらゆる性の人を好きになる）であった。

全員が大卒で、そのうち4名は大学院卒で修士号も持っていた。8人中4人は未婚で2人は離婚していた。結婚しているのは1人、事実婚は1人であった。年齢はインタビュー時点で20〜70歳であった。

母親の死因は8人中5人ががんで、3人は心臓病。突然死（事故死など）の人はいなかった。父親に虐待されていた人がいた。また、母の死後1年以内に父が再婚した人もいた。

この研究で特筆すべきは、兄弟のなかで長子でなくても家族の世話係を引き受けた人が多かったことだ。喪失感から逃れるため、または母の役割を引き受けることで母とのつながりを維持するためかもしれない。家族の外でも他人をケアするボランティアやヘルパーの仕事に就いた人もいた。

また、全員が思春期に母を亡くしたことで、自分の幼い頃の無邪気さが失われたと言っている。3人は恋愛に関して警戒心が強くなったという点も新しい。自分も早死にするのではないかという恐れを表明する人もいた。

8人全員がキリスト教徒であった。熱心に教会に通って祈っていた「良き信者」の母が、なぜ死んでしまったのか理解できなかった。また、自分も熱心な信者なのにこんな辛い目に遭わなければいけないのか、「神のご計画」に対して理解に苦しんでいた。

また、家族の歴史についての情報源としての母を失ったので、それらの知識の欠如に嘆いた。これは他の研究でも明かされている。

西洋の価値観である「悲嘆は短期間で解決されるべきもので、喪失前のレベルに戻る」ことが前提であることに嫌悪感を示していた。これも前例と一緒だ。

「PTG（Post Traumatic Growth）」（心的外傷後成長。心的外傷をもたらすような非常につらく苦しい出来事をきっかけとした心の成長）に関してはほぼ全員が、「思春期に母を亡くしていなければ現在の自分はなかった」という。ある人の言葉に代表される「母親が死んで良かったとは思わないが、死別以降肯定的な変化を実感している」。母に指導されなくても、自分の力で物事を進められるようになったという。つまり、強くなった、自立したということだ。

また、命のはかなさに気づき、命をより大事にするようになった。自分自身をもっと大切にするようになり、友人や家族と過ごす時間をふやした。人生に感謝するようになり、様々なストレスに対して耐性が増した。自分を支えてくれる交際相手や友人を見つけた。

母の死を「自分の力ではどうにもならなかったこと」と受容できたことが、彼女らを悲嘆から救い出した。ロイス・トンキンのいう「悲嘆の成長モデル」（Tonkin 1996）だ。悲しみが生活に残るが、決して悲しみに人生を占領させず適度に受け入れている時、人は前進し続ける能力があるという。

Wordenらのいう「喪の仕事」とは、故人との永続的な繋がりを維持する方法である（2022）。彼女たちは「母は何をしてほしかったのか」という思いを抱えながら生きていた。「どうすれば母親を誇りに思えるか」という思いもあり、それが彼女らを高等教育や人生での成果を上げることに向かわせる原動力になっていた。このように彼女たちは母親を亡くしたにもかかわらず、自分の経験や思いの中に母親を生かし続けているのだ。これは新しい知見だ。

最後にほとんどの参加者たちは調査者に対して、「私の亡き母の話を聴いてくれてありがとう」とお礼を言ったそうだ。潜在的に話したいという欲求があったのだ。

また、母親の壮年期における死別は家族全員にトラウマと大きな試練を残すので、家族カウンセリングと支援を受けることを推奨していた。

6　まとめ

自分も早死にするのではないかという不安、母が親戚の情報源である点、母親との死別から早急に大人になる必要性を感じ取り、家族のケア担当者になる点などが、共通点として挙げられた。

すべて英語圏における調査だったが、日本で当てはまる項目がどれほどあるのか興味深い。日本では、死者と共に過ごす時間の中で癒されていく価値観が生活の中に根付いているが、西洋のグリーフ（悲嘆）に関する価値観「早く心の切り替えを」は、西洋においても、特に母を亡くした女性には受け入れ難いだろうと思う。

コラム　なぜ、ディズニーのプリンセスにはマザレス女性が多いのか？

シンデレラは実母がいないことは有名だし、『美女と野獣』のベル、ジャスミン、アリエルと皆母親がいない。ムーランには母親はいるが、極めて出番が少なく存在感が薄い。不自然なまでにマザレスが多い。何故だろうか？

もし母親がいたら、彼女たちはあんなに勇敢ではなく、冒険心もなく、成長しないからだと考えられる。とにかくディズニーでは、冒険がストーリーの中心のように感じる。大人しくお城の中で過ごし、ある日突然王子様に見初められるのを待つというより、もっと活発な女性に描いている。そして、その冒険を通してお姫様がより強く成長するという話だ。

私の考えるところでは、母親がいたら「危ないから冒険はやめておきなさい」と娘を引き留めるだろう。そして、娘たちも母の言いつけは守る傾向にある。

実際に現代の日本でもそれは起こっている。特に地方の場合、大学進学に関して母親が娘には都会は危ないから地元の大学に行くよう諭すという。そして、結局は娘たちも母親の要望を受け入れてしまう（朝日新聞 2024）。このようにして娘たちは飛び立つ翼を母によって切り取られていることもある。

ディズニー社のドン・ハーン氏曰く「親がいなければ主人公が早く成長し、話が早く展開する（ディズニー映画は子供向けで90分くらい）からだ」という。ハーン氏はもう一つの理由として、ウォルト・ディズニー本人が母親にプレゼントした家がガス漏れ事故になり、その事故で母を亡くした事実と関係があるという（Marcus 2015）。だから、あまり母に触れてほしくないということもあるだろう。

フェミニストはディズニーのマザレス物語について、『女は女児の育児すらまともにできない』という印象を世界に発信している」と批判する。私が思うには、母親は確かに冒険は教えないかもしれないが、母と娘の信頼関係や絆など良い面もあるのに、それが全く目立たない。また、ディズニーでの父と娘の結びつきが、アメリカにある「ピュリティ・ボール」という保守派のカトリックの行事を彷彿させるという批判もある（Purity Ballとは10代の娘とその父親が教会に集まり一緒に踊り、「結婚まで処女を守ります」という誓いの儀式）。これも「母親は（娘の育児に関しても）不十分な親だ」「信頼できない親だ」というメッセージを暗に発信しているという（Worthington 2009）。

私も娘を持つ母親としては、良好な母娘関係の不在は不満だ。ディズニーは女子に影響力が大きいだけに、今後の作品に期待したい。

朝日新聞（２０２４年４月23日）「あきらめた遠方進学『女の子だし、心配』ついて回る親の反対」福

井万穂記者
https://digital.asahi.com/articles/ASS4561MWS3MTIPE003.html?linkType=article&id=ASS4561MWS3MTIPE003&ref=weekly_mail_top_20240426
Marcus, Stephanie (2015) Huffington Post
https://www.huffingtonpost.jp/2015/09/17/disney-characters-rarely-have-mothers_n_8150190.html（最終アクセス日２０２４年５月９日）
Worthington, M.(2009) "The Motherless "Disney Princess": Making Mothers out of the picture." In Hall & Bishop (eds.) *Mommy Angst*. ABC CLIO.

第3章　母を亡くした女性たちのライフストーリー

本章では、私が「マザレスお嬢の会」を通じてインタビューした女性たちの声を紹介する。それぞれの節に仮名とインタビュー時の年齢、母親を亡くした年齢を記載している。

1　母というものが分かりません（Aさん44歳、2歳時）

私の母は、29歳で胃がんで亡くなりました。当時私は2歳。一人っ子でした。

私は北関東で父と父方の祖父母と4人で暮らし成長しました。優しい祖母が私を育ててくれました。

幼い頃から悲哀の目で見られたり、からかわれたりしたので嫌でした。ずっと人に傷つけられてきました。

臼田さん（著者）と話したことで、また「マザレスお嬢の会」に参加したことで、一人じゃないんだと初めて思えました。私はずっと母を亡くした仲間を探していたのです、42年間も！

小学生の頃、私は学校の図書室で本を探していました。「お母さんが死ぬ」「お母さんがいない」とはどういうことなのか、「なぜ私にはいないのか」を子ども向けに説明した本を探したのです。でも、ありませんでした。本当にそんな本が欲しかったです。

小学生の時は仲良し女子3人組だったのですが、他の2人が自分のお母さんの話をよくするので困っていました。私はいつも放課後、一人で留守番をしていました。祖母も父も働いていましたので。たまりかねた私は、ある日遂に「子ども電話相談」に電話しました。

「私のお母さんは死んだのでいません。でも、友達はお母さんの話をよくします。私はどうしたら良いですか？」

すると、女性の電話相談員が子ども目線で答えてくれました。

「にこにこして、黙ってお話を聴いていればいいんですよ」

それで良かったのか、今も分かりません。でも、とりあえず気持ちは落ち着いたのを覚えています。

初めて「お母さん」と呼んだ人

若い頃にいた元彼は優しかったです。私に母がいないことを告げると、「じゃあ、（君のお母さんは）俺の母ちゃんでいいじゃん！」と言ってくれました。それがとても胸に刺さりました。

私は「お母さん」と呼んだことがありませんでした。だから、そう呼んでみたかったのです。

生まれて初めて、その彼氏のお母さんに「お母さん！」と呼びかけました。「はい、はい」と明るく、自分の子に接するように答えてくださいました。とても優しい方でした。みんなにはごく当たり前のことが、ついに叶った気がしました。

その後も「〇〇（地名）のお母さんですよ～」等と、その方は明るく振る舞ってくれました。実はその方も幼少期に父親を亡くされた方だそうです。だから、少し私の気持ちが分かってくれたのかなぁと思います。その後、彼とは別れてしまいましたが、今もそのお母さんがお元気か気になります。

結婚式で母がいないことよりも、小学校・中学校・高校の入学式、卒業式に母がいなかったことが悲しかったです。悲しみを乗り越えたことによって身につけた力は、自分で何でも決めて、考えて行動したことです。自立していました。若いうちからしっかりしちゃいますね。また、他者を思いやる心も身についたかも知れません。世間の恵まれない子たちが、一人で夜を過ごしていると聞きます。なんとなくその子どもたちの気持ちが分かります。

傷つけられた言葉と励まされた言葉

傷つけられた言葉は「可哀想だね」です。何と返答していいのか困ります。だから、黙ってしまう。近所のおばさんは会う度に「あなたは可哀想ね～」と言うだけで、何もしてくれませんでした。それだけ言い続けて40年！　すごく不快です。いい加減にやめて欲しいです。「だから何ですか?」と私は言いたい。

また、困るのは年上の女性たち（60代）です。「この人はね、ほら、お母さんがいないから……」とこそこそと言うのです。そして、暗に「（だから）私が今、母親業をキチンとできていない」と否定するのです。そういうものでしょうか?


逆に、励まされた言葉は、伯母さん（亡母の兄の奥さん）が褒めてくれたことです。

「お母さんが生きていてくれたら良かったのに……でも、あなたは乗り越えて、凄いのよ。偉いのよ!」その方は、裕福で心に余裕がある人です。

たまに、私は自分の子どもたちに向かって「あなたたちは良いわね、お母さんがいて!」と怒鳴ってしまいます。一方で、「母は2年間しか育児が出来なくて可哀想」とも思います。

私を優しく育ててくれた祖母（49〜89歳）が2年前に亡くなりました。母を2人失ったような感覚です。2つの大きな穴が心に空きました。祖父は私が22歳の時に亡くなりましたが、父は健在で同居しています。

夫とは、合コンで出会いました。優しい人で、家事育児をよく手伝ってくれます。夫は婿養子に入ってくれました。子どもは娘と息子を産みました。私はずっと生まれ育った実家に今、家族5人で住んでいます。

夫は両親が健在の人なので、私のことは「辛かったんだろうなぁ」とは察して寄り添ってくれてはいますが、理解は及んでいないと思います。でもある時、夫が子どもたちに、

「ママは君たちの年齢の時にはもう、お母さんがいなかったんだよ。だからママみたいにしっかりしようね」

と言っていたことがありました。有り難かったです。

2　家族の終焉と新しい私の人生（Bさん41歳、8歳時）

東海地方で生まれ育ち、小学校2年のときに母が亡くなりました。兄（小5）、自分、妹（年長）、弟（3歳）でした。父は医者で厳しい人です。現在80歳で健在で、まだ開業し診療しています。父は子どもの頃に足が不自由になり、それでも就ける仕事は何かと考え、医師を目指し実現した努力家です。だから、「何でも努力すれば解決する」という信念の持ち主です。決して「ありがとう」を人に言いません。職人気質なのでスタッフさんと折り合いが悪いので困ります。

母は薬剤師でした。優しく明るく社交的な人で、家庭や父のクリニックのまとめ役、盛り上げ役でした。私が小1の時に母のがんが見つかりました。でも幼い私たちにはがんだとは知らされませんでした。私が小学校1年の2学期に母は入院しました。入院と聞かされて「治る」とばかり思っていました。母方の祖母が来て、家事育児を代わりにしてくれましたが、父とは折り合いが悪かったです。母は1年半闘病し、39歳で亡くなりました。病名は胃がんと大腸がんでした。

実は母が亡くなったとき、泣いている父を初めて見ました。父は大きなショックを受けていました。あれだけ人に弱みを見せない人だ……と少しは同情しました。子どもたちに「泣くな!」と父が言うのも、本当は自分が壊れてしまうからではないかと思いました。父には愚痴のはけ口がなかったから、父は正気を保てなくなって、仕事も子育ても手に付かなかったかもしれません。

キリスト教との関わり

子どもの頃、近所の教会に子どもたち4人だけで通い、「お母さんの病気が治りますように」と祈りました。今思うとあれは残酷でした。父が来ることはありませんでした。きっと父は医者だから、母の死が分かっていたのだと思います。

母が死んだとき、「えっ、あんなにお祈りしたのに何故お母さんは死んだの?」と信仰が怒りに変わってしまいました。母が亡くなってからは教会に行かなくなりました。

もし、母が死ぬと分かっていたら、少しでも母に寄り添いたかったです。「死なないで」ではなく「お疲れ様」と言いたかった。幼い私でも母の好きな音楽をかけてあげるとか、何かできたのではないかという後悔があります。

元から家政婦さんがいて、掃除などはしてくれていました。母の死後は家政婦さんが毎日家事をしに来ましたが、私も小学2年生ながら家事をしました。

母の死後、「私の命を縮めてもいいから、お父さんが長生きしますように」と祈りました。それは父が好きだからではありません。母を失った上に、父も失ったらと想像すると、とても怖かったのです。

兄弟姉妹間の愛情格差

私は4人兄弟の中で一番父の言うことをよく聞きました。素直すぎたのだと思います。弟は可愛がられたし、「可哀想だ」と一番多く言われて育ちました。父は兄と私に「長男、長女なんだからしっかりしろ！」と辛く当たりました。暴力（体罰）もありました。

父は仕事を休めないので、妹や弟の卒業式や入学式には私が親代わりに参加しました。弟はやんちゃで、ケンカの後始末（謝罪など）も私がしました。父が近所の人ともめ事を起こしたときも、私が仲裁に入りました。父に言わせると「長女だから当たり前」だそうです。

中3からは、父の母親と同居しました。この祖母が意地悪い人で、辛かったです。「このまま、お父さんも死んだらどうするの？」などと言って私を脅しました。高3の時に、その祖母も亡くなりました。すると父は長女である私に「手伝え」とプレッシャーをかけてきました。父は決して私を甘えさせませんでした。

高校を卒業すると、私は実家から逃げるように上京しました。私は専門学校で児童福祉の資格を取得しましたが、また父に地元に呼び戻されました。なぜなら父のクリニックが移転したので、その保証人にさせられたのです。当時まだ20歳です。本当は兄にそれを頼んで欲しかったです。結局、4年近く地元に帰り、家事とクリニックの仕事手伝いをしていました。でも、もう私の精神は限界でした。

私は再び上京し、25歳で結婚しました。夫とは20歳の時、アルバイト先で知り合いました。すごく優しくて良い人です。私が長年話せなかった母の死や諸々の思いを、初めてじっくり聴いてくれた人です。彼の両親は仲良しで、その様子を見て「この人たちの子どもなら大丈夫だ」と確信しました。

父と私の関係

27歳で妊娠しましたが、妊娠8か月まで実家にまた呼び戻され、医院を手伝いました。その時地元の友人にも止められました。「もう、お父さんに尽くすのは十分なんじゃない?」と。

父に似て我慢強い私です。頑張っても「頑張っていないふり」をしていました。「大変だ」と言ってはいけないと思っていたのです。弱音はどこにもはけませんでした。母が亡くなってから、兄弟喧嘩で私が泣くと父に叱られました。それから「泣いてはいけないんだ」と思うようになりました。感情を押し殺して生きてきました。気持ちを言いたかったけれど、その機会がありませんでした。

父が一言謝ってくれれば、もしくは「ありがとう」と感謝してくれれば、全てが氷解するのに、なぜ言ってくれないのだろうとつくづく思うのです。

友人関係

小学校と中学校は近所だから皆、母が亡くなったことを知っていました。高校からはそれを知らない人ばかりで、少し心は解放されました。でも「みんなはお母さんがいて羨ましい」という気持ちはどうしようもありませんでした。

高1の時、友人と母親の話になりました。「お母さんは何やってるの?」と聞かれ、とっさに「薬剤師」と答えてしまいました。でも、「これではいけない」と思い、2人に手紙で「実は母は亡くなっているの」と伝えました。しかし、返事はありませんでした。そこから、この友人2人とはぎくしゃくしてしまいました。返事が欲しかったです。

今思うと、小学校時代の友達は寄り添ってくれていたかもしれません。母の死を知っているのに触れないのも、優しさだったのかなと思います。

母のことを聞かれた時、「亡くなった」と答えると「ごめんね。変なこと聞いちゃって」とか「嫌なこと聞いちゃって」と言われるのは不快です。母の死は、「嫌なこと」でも「変なこと」でもありません。事実です。だから、謝られても困ります。

母の死の受容

妙なことに、自分が母親になってようやく、自分と向き合える時間ができて、母の死を考え、受け入れられるようになりました。

出産～育児に際しては、幼い子の接し方は分かっていたし、好きです。自分の妹弟でも体験済みだし、専門学校でも習いましたから。育児不安にならないようにあえて情報を入れませんでした。最低限の情報だけで十分でした。母が居たら情報が入って混乱したと思います。私には「母には頼れない」という諦めがあるから、夫には家事育児をばっちり任せられる人を選びました。必然的にそうなりました。出産後は3週間ほど夫の実家にいましたが、義父母はとても優しくしてくれました。

私は息子が2歳の時に、勉強したいなと思い、看護学校を30歳で受験し、31歳で入学しました。実習時は大変なので、息子を義父母に預けました。実家の父もそれは応援してくれて、学費を出してくれました。

看護学校に入って、自分も医学的知識を付けたことで、初めて死を理解できました。それまでは、どこか母の死を認めたくない私が居ました。母の死を納得できなかったのです。私の中に成長していない部分があって、少しずつ追いついてきた感じです。

看護学校入学後に母の夢を見ました。棺桶に入っている母。妹と弟と私の3人でその母を見つめていました。母の死をようやく認められたのだと思います。それまでは、夢に出て来ませんでした。それは認めていなかったからです。

父はよく亡くなった母を蝶に例えていました。蝶が飛んでくると「ほら、お母さんが見に来てくれた」と言っていました。父は医者だから、知識としては死を分かっているはずなのに、上手く説明できなかったのです。看護師ではないから、心のケアができなかった。患者さんの力になるということができないのです。だから、私は看護師を目指したのです。

きょうだいとの関係

子どもの頃はひたすら「母に会いたい」と思っていました。ひたすら母に甘えたかったです。私が出産後は「なんで早く死んじゃったのよ！　何でも私がやらなきゃいけないじゃない！」という怒りを覚えました。今は落ち着きましたが。

「家族仲が良いのが自分の幸せだ」と思い込んでいたけど、限界がありました。結局、勝手に母親役をやらされていたし、自分もそう思っていましたが、違いました。

妹が20歳の時、「私たちの世話は、お姉ちゃんが自分で好きでやっていたんでしょ」と言われ愕然としました。全身の力が抜けるような感覚を味わいました。妹は私に「ありがとう」とは言いませんでした。だから、それ以降私は少しずつ妹に説明し始めて、当時の状況を理解してもらうように努めました。

その後、妹は薬剤師になり結婚し、30歳過ぎて自分が母親になってから私に感謝し始めました。ちなみに妹も優しい人を旦那さんに選び、家事育児をとても手伝ってくれています。働きながら、子どもは3人産みました。

今、妹に「お母さんがいなくて寂しかった?」と聞くと、「ううん、そんなでもないよ。お姉ちゃんがいてくれたから」と言ってくれます。ようやく、妹と気持ちが通じ合えてきた気がします。

世間との関わり

母の死を乗り越えたことで身についた力は、「様々な困難を抱えた人に寄り添う力」だと思います。これには理解力、想像力が必要です。分からないと寄り添えない。あとは、強くなったことかな。というか、強くならざるを得なかったのです。

専門学校時代の友人は優しかった。皆さん、色々な苦しみを抱える人が世間に居ることを理解しており、自らも困難を抱えている人が多かった。養護施設で働く児童指導員の資格を取得しました。自分からクラスの皆の前で「母はいない」と言えたことで、ふっきれました。

母親がいなくて辛かったことは2つあります。ひとつは家族の中で母の死の話を共有できなかったこと。いつしか、母の話はタブーになっていました。「頑張ったのに報われない」ことが私には多過ぎました。もう家族で一緒に仲良くすることは無理です。家族それぞれの立場が違い、思っていることも違うと分かってきました。第三者的な介入、ファミリーセラピーが欲しいです。

もうひとつは中学生の時、教師が「昨日の母の日に何をしたか」を生徒に聞き、真っ先に母のいない私を指名したことです。その教師の配慮の無さに、初めて人前で泣きました。

励まされた言葉

年長から中学3年まで近所でピアノを習っていましたが、その先生に助けられました。私が頑張っているのを見てくれていたので、

「もうお父さんに『手伝えない』と言いなさい」

と助言してくれました。そして私が上京する時も、この人が父を説得して、和らげてくれました。「あなたはもう十分頑張った。これからは自分のことを頑張りなさい」と後押ししてくれたのです。

後で知ったのですが、その先生も実は複雑な人生を歩んでいる方でした。産みの親と育ての親が違うという人でした。だからこそ、先生は他人の気持ちが分かる優しい、精神的に成熟した人になったのかもしれません。今も時折、手紙を書いたりして感謝しています。

看護学校の実習で、自分の過去の経験がフラッシュバックして泣いてしまったことがありました。その時先生が、2人だけでじっくり話す機会を作ってくれて、しっかり私の話を聴いてくれました。

「あなたは溜めていたものを今出せて良かったね。そのまま出せずに、心を壊したまま人生を終える人もたくさん居るから……」と優しく言ってくれました。

その後も時間を作ってくれて、何回か気持ちを語ることができました。初めて言葉で肯定してくれた人です。これをきっかけに、人に自分のことを語れるようになってきました。

今は息子も中学生になったし、自由を満喫しています。一人旅もするようになりました。これからは自分がやりたいことをやっていきたいです。

残りの人生は大きなプレゼントをもらったような気持ちです。看護師は私のやりたいことでもあるし、人の役に立つので一石二鳥です。もし母が生きていたら、もっと我が儘な私だったかもしれないと思います。

3 「私の人生、良くはないけど悪くないね！」（Cさん54歳、14歳時）

関西地方の田舎で育ちました。私が13歳の時に母が発病。昔のことでしたし、「小腸がん」という現在でも珍しいがんのために正しく診断されるまでに時間がかかりました。病院に失望した母は民間療法に走り、母と8歳年上の姉が、自宅から遠い母の姉（伯母）の家に移り住み、母の看護にあたりました。つまり、別居です。

父と私との2人暮らしが始まりました。今のようにコンビニやお弁当屋がない上、田舎だった為、中学入学から自炊生活の両立に四苦八苦しました。炒め物、揚げ物しかできませんでした。母は2年間の闘病の末、私が14歳の12月に亡くなりました（享年42）。

2年後に父が再婚しました。親戚の強い勧めによるものです。絵に描いたような継母と私の衝突が続き、父はそれを見て見ぬふりをしたので、部活に打ち込んだ高校時代でした。家に居場所がなかったので、あるスポーツの部に所属し、合宿に明け暮れました。そのお陰でインターハイでは入賞しました。

最も辛かったことは、父の再婚後、実家にいても「自分の居場所がない」と感じていたことです。母の写真などが継母によって徐々に捨てられて、無くなっていきました。その代わり、自分に母の物がなくても母のことを思い出せるという特技が身につき、自信にもなりました。あとは、学校の友達の態度が変わったのがきつかったです。母の死後、「縁起が悪い子」と言われ避けられました。

継母に経済的理由で大学進学を断念するように言われ、ほぼケンカ別れのように東京の専門学校へ進学しました。仕送りもほぼなく、高校時代にバイトした貯金を切り崩しながらの東京生活が始まりました。服飾の専門学校だったので、宿題が多く時間的にバイトが出来ず超貧乏生活でした。友人の紹介で大学生だった主人と知り合い、付き合い始めました。専門学校卒業後、職を得て雑誌編集者となった矢先に妊娠発覚。男女雇用均等法が導入された年ですが、小さな編集プロダクションでは何の影響もなく、仕事を続けられずに退職しました。

結婚と義実家での同居

父がいても、継母がいる場所は実家とは言えないのです。それで自分の居場所、「家庭」というものが欲しくて、結婚は早くしました。ひとつ年上の大学生だった主人と21歳で「デキ婚」。今のように「デキ婚」という言葉もなく、主人が学生結婚ということで周囲からの反響は大きかったです。

赤貧洗うがごとくの貧乏新婚生活がスタート。入籍半年後に東京で長男出産。主人の大学卒業と同時に主人の実家の中国地方に家族で移住。当時23歳の私は夫の実家の自営業を無給で手伝い、朝から晩まで働きました。生鮮食料品を扱っていたので多忙な上、壮絶な嫁姑問題に苦しみました。そして姑の育児への過干渉、夫とも喧嘩になりました。疲労困憊で私はよく高熱を出しました。すると「体の弱い嫁はいらん！　子どもを置いて実家に帰れ！」と姑に怒鳴られました。私に実家が無い状態なのを知った上での発言でした。本当に意地悪い人です。実家のある人は良いなぁとよく思ったものです。

義母（姑）は気性も激しく、ある日激高した彼女は私の息子のおもちゃと洋服を、車の通行量が多い大通りにばらまいたこともありました。おもちゃは車にひかれて、すっかり壊れてしまいました。私は泣きながら、車にひかれて壊れた息子のおもちゃの破片を拾い集めました。集めたところで、元には戻りませんでした。あまりの悲しさに、母方の伯母の家や、姉の家に逃げたこともあります。

渡米

28歳の時、主人が勤務する日本企業のアメリカ工場に転勤となり、夫婦で６歳の長男と１歳半だった娘とアメリカのとある州に移住しました。

その後、アメリカで出産した次男が生後３週間で生死をさまよう重病を発症。医師に匙を投げられながらも、なんとか一命をとりとめました。１年間は口から物を摂ることが許されず、自宅介護で点滴と胃瘻《いろう》での赤ん坊の異国での子育て。アメリカでの永住を決意しました。出産は22歳、26歳、32歳の時でした。渡米当時は英語もほとんど喋れず、アメリカの〝ど田舎〟での出産、子育て。子供の大きな病気を経て、３人の子供の手が離れた２０１６年、今度は父が他界しました。

結局、アメリカには義母も継母も一度も来ませんでした。なぜなら、私たちの住居はアメリカ国内で飛行機の乗り換えが必要な、不便な田舎だったからです。継母も義母も英語はできません。しかし私には、それが良かった。完全に逃げ切れました。義母は約10年前に亡くなりましたが、葬儀にも行きませんでした。散々いじめられたのでね。

キリスト教との出会い

アメリカで日本人牧師を紹介されて、初対面で「君は頑張らなくていいんだよ」と言われ、ものすごく安堵したのを覚えています。当初はキリスト教に懐疑心を抱いていた私ですが、「神はそのままの君を愛しておられる」と言われ、意に反して勝手にボロボロ涙が出て、大号泣してしまいました。

30歳で、キリスト教に入信しました。入信は母の死だけではなく、色々と辛いこと（継母からのいじめ、それを見て見ぬふりする実父、嫁ぎ先で同居した姑からの壮絶ないじめ、夫との喧嘩）があったからです。また、阪神・淡路大震災もきっかけでした。姉が被災しましたが、家族の命は無事でした。震災の惨状を見て、そこで命のはかなさを感じたことも入信のきっかけの一つです。その後、牧師ご夫妻は私の心の支えとなりました。

渡米した翌年に聞いた聖書の言葉が心に響きました。「全てのことは相働きて益となる」「神は乗り越えられない試練は与えない」「主が共におられる」等です。

だから、いつも危機一髪のところで私は助かっていたのだと思えました。「聖書のルカの放蕩息子の話※」を初めて聞いたときに、私の人生の不条理がサーッと消えたのです。

「どうして自分ばかりこんな苦労しなくちゃいけないんだろう?」と不満でいっぱいだった

私の人生ですが、腑に落ちたのです。神のご計画なのだと。全ては私の成長のためだったのだと初めて思えたのです。今思うと、キリスト教に入信しなければ、辛すぎて自死していたと思います。これで、母がいなくても大丈夫と思えたのです。

※「聖書のルカの放蕩息子の話」：神に背いた者でも受け入れるという神の愛、懐の深さを表した話。

ある男に二人の息子がいた。次男（弟）の方が父親に財産の生前分与を請求し、そして父は要求通りに与えた。すると、次男（弟）は遠い国に旅立ち、そこで放蕩に身を持ちくずして財産を使い果した。大飢饉が起きて、その放蕩息子は人に頼って（ユダヤ人が汚れているとしている）豚の世話の仕事についた。が、その豚の餌さえも食べたいと思うくらいに飢えに苦しんだ。

父のところには食物のあり余っている雇人が大勢いるのに、私はここで飢えて死のうとしている。彼は我に帰った。帰るべきところは父のところだと思い立ち帰途に就く。彼は父に向かって言おうと心に決めていた。「お父さん、私は天に対しても、またお父さんに対しても罪を犯しました。もう息子と呼ばれる資格はありません。雇い人のひとりにしてください」と。ところが、父は帰ってきた息子を見ると、走りよって抱き寄せる。息子の悔い改めよりも先に父の赦しがあった。

父親は、帰ってきた息子に一番良い服を着せ、履物を履かせ、盛大な祝宴を開いた。それを見た兄は父親に不満をぶつけ、放蕩のかぎりを尽くして財産を無駄にした弟を軽蔑する。しかし、父親は兄をたしなめて言った。「子よ、お前はいつもわたしと一緒にいる。わたしのものは全部お前のものだ。だが、お前のあの弟は死んでいたのに生き返った。いなくなっていたのに見つかったのだ。祝宴を開いて楽しみ喜ぶのは当たり前ではないか」。（新約聖書「ルカ」15: 11-32）

両親への思い

母は変わった人でした。自由人というか、家事もおかずを作るよりシュークリームやアップルパイなどのお菓子をオーブンでよく焼いていました。早くに亡くなったので、良いところだけがクローズアップされてしまいます。

もし母が長生きしていたら、私と意見が合わなくなって衝突していたかもしれないし、嫌いになっていたかもしれない。今では自分も変わった人間だと思えるので、「変わった母」を受け入れられるのです。自由人同士で私は案外未婚で、パラサイトシングルになっていたかもしれないとも思います。

実家が「いつでも離婚して帰っておいで」という甘やかす親だったら、私は安易に離婚していたと思います。また、母は料理をしなかったので、教わっていません。自分で得たものは家事力です。人は頼れないので、自分で開拓してきました。

若い頃は、母の代わりになる人が将来現れるかも知れないと期待していました。でも、継母も姑も違いました。

温厚な父ではありましたが、継母とのもめ事を見て見ぬふりをしていたので、若干恨みがありました。「頼りにならない父」と見くびっていました。「父はあてにならないから、自分で頑張るしかない」とずっと思っていました。

他界する前1か月間日本に帰国して、父と一緒に過ごしました。継母とはこの頃関係は破綻していて、病院にもろくに顔を出しませんでした。父も後妻への不快感を表していました。

そこで、私の中で父へのわだかまりは解決しました。謝罪はなかったけれども……。

アメリカで美容師になる

父の死により人生の短さに目覚め、3人の子どもたちも全員結婚して所帯を持ち、軽い「空の巣症候群」にかかりました。そこで52歳で現地（アメリカ）の美容学校進学を決意。1年半の美容学校通学を経て資格を取得。美容師として働き、今に至ります。

まだまだ未熟者ですが、美容師は私の「天職」だと思っています。日本人駐在員夫人のお客様が多いのですが、様々な方と知り合う職業で、色々なお話をします。異国に住むゆえの悩み事などの相談が多いのです。私自身、若いうちに母が亡くなったという辛いことがなければ、悩みを持つ他の方に心を寄せることができなかったかなと思っています。

ですから、母を早くに亡くして、しなくてもよい苦労もありますが、いつも思うのは、

「私の人生、良くはないけど悪くないね！」

ということです。なるべくしてこうなったのだと。

もう哀しみは少ないです。時間と共に薄らぎました。「母がいてくれたら」と思うことは多かったですが、「母がいないからこそ」得たこともあるので。それらの出会いが私の人生に彩りを与えてくれていると思います。例えばこの「マザレスお嬢」の会もそうです。こんな会に

出会うとは、思っていませんでした。

良心的な人々との出会い

中3の時、近所の人が遠足の日にお弁当を作ってくれました。とても嬉しかったです。今でもそれを受け取った時のずしりとした重みを覚えています。

渡米後すぐに、子どもの日本語補習校で、ひとまわり年上の日本人女性に出会いました。3人の男児を育てるワイルドな女性です。毎日電話するほど仲良しになりました。この人がクリスチャンで、牧師さんを紹介してくれました。

信者になった時に、アメリカ人老夫婦がゴッドペアレンツ※になってくれて、大変親切にされました。彼らは金持ちでエリート家庭でした。一見私に同情してくれそうにありませんが、実は末の息子さんが違法薬物に溺れて、抜け出させるのに大変苦労した方々でした。だから、私の不幸な境遇や気持ちを理解でき、寄り添ってくれました。私を自宅に呼んでご飯をご馳走してくれたりしました。とてもありがたかったです。

※ゴッドペアレンツについては後述（127ページを参照）。

現在はアメリカ永住

次男が生まれて重病だったときに、入院した子ども病院にアメリカ人のボランティアの人が来て、助けてもらいました。赤の他人の外国人に優しくしてもらう経験は初めてでした。だから私は恩義を感じて、今その病院でボランティア活動をしています。

隣家のアメリカ人老夫婦がとても良い人で、自家製の卵や蜂蜜をくれます。しかも、無料で家庭菜園用の土地を貸してくれているので、私は日本の野菜などを作って楽しんでいます。この家庭菜園の他、現地での仕事やボランティア、趣味のコーラスも楽しんでいます。私は自分が苦しんだ分だけ、今悩んでいる人に寄り添えると思っています。

＊

くれぐれも読者の皆さんに誤解して欲しくないのが、私（臼田）は「キリスト教に入信すれば苦難から救われる」とか「アメリカ人は親切だ」という見解をこの事例で示したいのではない。マザレスの女性たちは頼る人（母）がいないために困り、自らあらゆる人や団体に接触し、積極的に「もがいた」「あがいた」ということだ。その結果、意地悪な人にもたくさん出会っただろうが、中には親切な人や自分と気が合う人もいて、そういう人脈を自ら築いていったのである。偶然の幸運というよりも、本人の努力の賜物と言えよう。

4　普通になりたくて（Dさん53歳、15歳時）

私が生まれ育ったのは北海道の田舎です。父は私が幼少時に病気で亡くなりました。ですから、母方の祖父母の家で、祖父母と母と兄と5人で暮らしていました。しかし、母は私が15歳（中学3年生）のときに不慮の事故で亡くなりました。突然のことでした。朝「行ってきます」と登校し、帰宅したら母が亡くなっていたのです。私は高校受験前で、母は42歳でした。

同情の目で見られるのは嫌ですね。母が亡くなったときに友人の親から「お母さんが亡くなることが決まっていたから、仲良かったんだね」と言われたのが、今も忘れられない暴言です。意味は今でもよく分かりません。が、「愛情の体積は決っていて、非常に濃い太い愛情だったから、短かったんだね、他の人は細い愛情で長いのに」とでもいう意味だったのでしょうか。とにかく、あまりに仲良し親子だった私への僻みでしょう。

祖父母は愛のある人たちで、常に前向きでした。「きっとお母さんは、お父さんのところに行ったんだよ」「神様は人間に試練を与えるわけないから」などと言っていました。特に祖母には励まされました。品のあるキチンとした人でした。その祖母が「嘘も方便」と教えてくれました。「自分を守るためには嘘をついても良いときもあるんだよ」と。正直に生きてきた祖母。また私にもそうするように祖母は教えてきたのに……。びっくりしましたが、腑に落ちました。

友人とも良い関係の方だと思います。お互い亡母のことは話さないし、気配りできる人は多かったです。ただ、人の家にお邪魔したときに、「お母さんがいて羨ましい」とは思いました。

私は地元の高校を卒業後、短大に進学するため札幌に出ました。初めての一人暮らし、初めての都会暮らしです。その後、一人暮らしのまま札幌で就職しました。途中で東京に行ってみたくなり、1年間東京のスポーツクラブで働きました。24歳のときに仕事で関東の地方都市に異動になり、そこでスポーツクラブの会員（つまりお客さん）だった主人と出会いました。

私は25歳で結婚し、夫の両親と同居する形で新婚生活が始まりました。26歳で第一子を出産（男）、29歳で第二子出産（男）して現在に至ります。その後の人生は順調で今、53歳を迎えました。母を失った悲しみは、今ではだいぶ終わりました。

今から思うと、私はいじめも経験せず、祖父母に蓄えがあったので兄は国立大学、私は私立短大と苦労せずに通うことが出来ました。そこは恵まれていたと思います。

母について

優しくて気配りの出来る良い人でした。母とは超仲良しで、友達親子でした。一緒に風呂に入り、同じ部屋で寝ていました。

父が早くに亡くなったので、母が他の男に走ったり、酒に溺れたりしなくて良かったと思っています。母は若かったので、その可能性も無きにしもあらずだったので。母が未亡人でい続けてくれて良かった。もし母が再婚したら、それによって私と母の関係が上手くいかなかったかもしれない。もしくは、あまりにべったりした姉妹みたいな母娘だったので、それで十分楽しかったから、私が結婚しなかった可能性もあります。

母が大好きだったので、死後はいつも恋しかったです。母に孫を見せたかったですね。「なんで早く死んだのよ！」と母を恨んだこともありましたが、「おばあちゃんを安心させなきゃ。結婚して子どもを産んで」と思っていました。

母の代わりは見つかりません。祖母は良くしてくれましたが、やはり母とは違いますね。嫁ぎ先の姑（義母）も良い人だけど違います。

自分が鈍感なのもありますが、まわりは夫側と同居が多くて、里帰り出産の人は少ない気がします。でも里帰り出産できる人は羨ましいです。

お姑さんが同居しているせいもあって、病院に行く私にいちいち付いてきてくれました。舅もついてきました。私が発熱しただけでも、皆で病院についてきてくれます。温かい人たちで幸せです。母乳の出が悪くても責められませんでした。

悲しみの乗り越え方

悲しみを乗り越える前提条件は、「主人が良い人だ」ということです。そして、一番の理由は子どもが出来たことかな。家を建てたのも、乗り越えられた理由です。

私には常に、「母がいない」「普通じゃない環境で育っている」という意識がありました。それが「人にばれないかな?」と心配して生きていました。「普通」を装っていた。「普通」になりたい願望が強かった。そう、私が目指していたのは、まさに「普通」だったのです。

新婚の頃は間借りしていたから、私には「居候感」がありました。でも、7年前にローンを組んで、夫婦と子どもたちと4人だけの家を建てました。これで「普通になれた!」とほっとしました。同時に、「やっと一人前になれた」と感じました。母親の喪失を悲しむ気持ちが、これによりかなり終わりました。今は自宅の一室でヨガ教室を主宰し、仕事もしています。

自信と自由

母を失って得たものは、二つあります。一つは「一人でも大丈夫」という自信。二つ目は「心配をかける人がいないという自由」です。

地元の友達がよく言う「親が心配でそんなことできない」とか「親に心配かけたくないから、そんなこと言えない」といったことは、自分にはありませんでした。だから、東京に行けました。私の故郷では、若い未婚の女子が東京で一人暮らしをすることは、大変危険なことと思われています。だから、友人たちも「そんな親に心配をかけることはできない」と言い、実際にしていません。だけど私には「心配する親」がいないから、東京で一人暮らしができました。

それで私は東京の生活を楽しみ、「自由な発想をする力」がつきました。

母が生きていたら、あまりに仲良しだったので北海道の田舎の地元の高校卒業後、地元で就職して、地元の人と結婚して……という人生だっただろうと思います。亡くなったおかげで大都会・東京を目指せた。都会で自由を味わった。色々な経験をし、世の中に様々な人や考えがあることを知った。今は幸せです。

気を付けていること

子どもができたことで、「子どもに同じ思いをさせてはいけない！」と強く思っています。自分には離婚はあり得ないし、「長生きしなくちゃ」と心がけています。自分で選んだ夫だから、「上手くいかない」はあり得ないのです。夫の嫌いな部分を見ないように、良いところを見るように努力しています。そして喧嘩しないようにしています。何しろ「普通」を目指していますから(笑)。今は、息子たちも社会人になり、ほっと一安心しています。

自分がいつ死んでもいいように、息子たちへの愛情手紙を毎年書き溜めています。

「4歳の君は、オムライスが好きで、仮面ライダー〇〇が好きだったよね。△△公園によく行ったね。そうしたら君は喜んで、こんなことしてたね」と。

自分が愛されたという確証が欲しいんだと思うんです、人間は。

5　長期闘病の末に（Eさん51歳、23歳時）

母は持病のリュウマチで、入退院を繰り返していました。がんにも罹患しましたが、それは寛解しました。私が高1の頃は元気で、パートにも行っていました。

高3からは母は自宅で寝たり起きたりの状態でした。だから、夕飯作りや洗濯も私が担うようになりました。「私はなんでこんな家に生まれたんだろう?」と悔やみました。

当時私は外出から帰宅すると、母とろくに会話せずに自分の部屋に直行して籠りました。母は外で起こったことを知りたかったし、私に話し相手になって欲しかったらしいです。

母の死後、父から「母が私のことを『あの子は下宿人みたいだ』と言っていたよ」と聞きました。すると、私はすさまじい罪悪感にさいなまれました。「母にもっと優しくすればよかった……」とひたすら後悔しました。

母はしっかりしていて、強い精神力の持ち主でした。弱音を吐かない人でした。あの体の状態だったらと想像すると、自分だったらできなかったと思います。家を仕切っていたけど、優しかった。家族思いで、子どもを第一に優先してくれました。

晩年の母の自宅での看護は壮絶でした。1人でトイレも行けない状態でしたから……。母が病院での完全看護になった時に、父と「良かったね」とお互い言っていました。それで私は看護から解放されました。母は私が23歳の時に亡くなりました。

母が亡くなって、ほっとしたんです、私。もし、またいつか退院したらと思うと、あの看護生活が戻ってくる訳ですから……。「母が生きていたら、私は結婚できなかったかもしれない」と考えると恐ろしいです。婚期を逃していたかも知れません。

その一方で、亡くなってほっとした自分に罪悪感があります。今の気持ちは悲しいより、恋しい、会いたい、話したい。子育てについて聞いてみたいです。

短大を出て就職し、27歳で結婚。28歳で長男、31歳で長女を出産しました。

家事と子育てを学ぶ

他人は自分が母親の死を体験していないから、興味を持つようですね。「どうして亡くなったの?」としつこく聞いてきます。自分の興味が先行して、相手（つまり私）がどう思うかにまでは思い至らないのでしょう。新たに出会う人とは「深いつきあいが出来ないから」と避けがちで、うわべだけの付き合いになってしまいます。友人は私に母がいないことを知っていても、遠慮なく自分が母親と旅行に行った話をしてきます。まあ、いいんですけど……。

結婚後、夫が東北地方に転勤になり私もついて行きました。知り合いもいない不慣れな土地でしたが、親戚に勧められた羽仁もと子先生（自由学園創立者）の「友の会」に入りました。雑誌『婦人之友』の愛読者の会です。そこで、私は大いに助けられました。日常生活の研究と家事を教えてくれる場所です。羽仁さんは家計簿の考案者で、1か月の予算の立て方など教えてくれます。家計簿は市販されていて、子どものお小遣い帳の付け方まで習いました。月に1回行われる家事の教室では、料理やYシャツのアイロンのかけ方、家計簿の付け方など様々な内容を習いました。託児付き講習で、その場で育児相談もできました。人によって合う合わないはありますが、合えば良いものだと思います。

子育ては「幼児の育て方」を元にしましたが、これも良かったです。ちょっと年配の方、50代~70代の人が教えてくれて、ママ友よりずっと役に立ちました。

キリスト教の会ですが、宗教は会員には強制ではありませんでした。ただ、生活では役に立ちますが、まじめすぎる教室でした。家計簿を1か月付けて人前で発表しなければならない場合があり、途中で退会しました。

出産は助産院でしました。助産師さんが手取り足取り教えてくれて、直接繋がれる感じが良かったです。母に私を育てたときどうだったのかを聞けないので、習えて良かったです。

罪悪感からの解放

でも、父にも夫にも話せないことはありました。2人目を妊娠中に私はママ友間のトラブルと母への強い罪悪感のため、精神的に参ってしまいました。そこで、カウンセリングに通いました。気功や「霊が見える」という怪しい人のところへも行きました。でも、その人が母の霊と交信し、私が母へ謝りたい旨を伝えると「お母さんはそんな風に思っていないわよ」と答えてくれました。それを聞いて、私はその場でワンワン大泣きしました。自分を初めて許すことができ、その言葉で救われました。

お告げが本当かどうかはどうでもよかったのです。ただ他人に「あなたはよくやっているわよ」と認められたことが嬉しかったのです。

夫は仕事が忙しいし、何でも自分でやってしまいがちでした。すべてを子ども優先にして自分が我慢してきました。子どもを誰かに預けて遊んだこともありません。その結果、子どもに対して過干渉になってしまいました。帰る時間がちょっとでも遅いと、ソワソワしてしまいます。

母の死を乗り越えたことで身につけたものは、何でも自分でできる力です。でも、町中で50代と80代らしき母娘がショッピングしているのを見ると、羨ましいです。もし母が居たら、一緒にショッピングしたり、旅行したり、夫の愚痴を言いたいです。父には言いにくいから(笑)。

父親と夫の存在

結婚後、父とはよく話すようになりました。父は家事ができる人です。優しく温厚で、怒られた記憶がありません。陰から見守るタイプです。愛情豊かで、いつも私や子ども（孫）たちのことを気にかけてくれている。特に、私の子どもを見てくれました。母が亡くなってからは、父も大変だったはずです。

私が苦労しなかったのは、安心して頼れる父がいたお陰です。結婚も「お前が選んだ人だから」と賛成してくれました。父とは母の病気の頃の話を避けています。あまりに生々しすぎるからです。良い父親を持ったという意味では、私は恵まれていると思います。今は父が大切すぎて、「父が死んだらどうしよう!」とこれからが怖いくらいです。

夫には言い辛いことが少しあります。夫との仲を大事にしたいので、嫌がることは言わないようにしています。実は、夫の母も私が24歳の時に亡くなりました。私は会ったことがありませんが、大人しい人だったそうです。不思議なのは夫もマザレスなのに、あまり悲しくない様子なのです。私と「母を亡くした悲しさ」を共有できないことです。夫は胸中を語らないからよく分かりません。

最近、父が「一人で子どもを育てて偉かったね!」「かわいそうだったな」と口に出して言ってくれました。家族はわかり合ってるつもりでも、実際に口に出して言わないと分からないし、言われると感激もアップするものです。

嬉しいことは、私の父・夫・舅の男3人で仲が良いことです。よく3人でゴルフに行っています。舅は夫の妹と一緒に住んでいるので安心です。実父は車で20分のところに住んでいて、いつでも駆けつけられるので、こちらも安心です。

6　存在が語り継がれる母（Fさん53歳、27歳時）

私が東京で働いていた27歳の時、母が自治体の検査（8月に受診）で子宮がんが発見されたという知らせがありました。「がんかも知れません」という電話が、自治体から母本人に11月に入ったそうです。本人も家族も半信半疑なままでしたが、12月末に体調は悪化し、1月に入院しました。闘病は3か月間で、4月に亡くなりました。最期まで母本人には子宮筋腫と言って、がんとは告知しませんでした。

私には「犠牲になっている」という感じがありました。母の看護のためにキャリア面で夢をあきらめざるを得なかったからです。本当は27歳の11月に新しい転職先（東京）が決まっていました。そこは、私が一番働きたかった会社でした。短大を出てから6年半、キャリアを磨いて転職活動をし、遂に憧れの会社に採用が決まったのです。でも、母の病気で夢をあきらめざるを得ませんでした。東京の家を引き払い、山梨の実家に戻り母の看病をしました。

母は病気のせいで、性格が変わってしまいました。わがままで気まぐれになりました。

例えば、真冬だというのに「アイスクリームを買ってきて」と病床の母に頼まれました。私が直ぐに買って持って行くと「いらない」と拒否しました。あるとき、このような母の言動の後、私は母の病床でつい怒鳴ってしまいました。「私はお母さんの犠牲になっている!」。本音が出てしまいました。すぐに父が飛んで来て母をなだめ、父が私の代わりに母に謝りました。私は母に謝りませんでした。今では恥ずかしいことをしたと思うし、申し訳なかったと思っています。

私の彼氏（今の夫）は母が入院してから、東京からわざわざ山梨までお見舞いに来てくれました。しかし「会わない」と母は断りました。母はキチンとした人なので、こんな姿を見せたくないというのもあったのでしょう。また、病気による感情の起伏も激しくなりました。夫も兄も鷹揚な人で、短気な私は助かりました。

母の看護の3か月間に1回だけ、理不尽なヒステリーを起こされました。

「あなたじゃダメ、お兄ちゃんに代わって！　今すぐお兄ちゃんを連れてきて！」

と叫ばれてショックでした。もともと「母は兄が好きなんだろうな」というのはなんとなく感じていました。

母には理不尽なところがありました。私が兄と喧嘩すると、兄が悪くても「あなたは女だから謝りなさい」「妹なんだから謝りなさい」。私はこんな女性差別的なことは絶対に娘に言いません。母を反面教師としています。

しかし、今では母を理解できるのです。代々続く旧家に嫁いだ母は「男児を産め」というプレッシャーにさらされていたのです。実は、母は第一子を死産していました。そのショックを引きずっていたのです。だから、第二子に男児（兄）を無事に出産して嬉しかったのです。安心したのです。だから息子が大事だったのです。

私も子どもを産んで、初めてその気持ちが分かりました。看護中あんなことを思った自分が情けないと、今では反省しています。

出産と周囲の助け

１人目の出産は夫の転勤先の大阪でした。社宅でしたが、義母が２週間だけ来て世話をしてくれました。お産の時も社宅の友人たちが手際よく助けてくれました。大阪の人だからでしょうか、長い友人でもないのに親切にしてくれました。「私のことをよく知らないのに、どうしてそんなに親切にお世話をしてくれるの？」と思ったものです。とても感謝しています。

２人目の出産は里帰り出産をしました。父もいるし、兄嫁が私の世話をしてくれました。兄嫁は、私よりも６歳も年下なのに人間ができている人です。明るく家庭的。新婚早々父と同居だったのに馴染んだのです、22歳で嫁に来たのに……。ああいう出来た人っているのですね。

最初、兄嫁に里帰り出産を打診した時に、兄嫁は、

「私の息子とあなたの娘は同い年だから、きっと２人で遊んでくれる。むしろ、あなたたちが来てくれて、私の方が楽だわ。助かっちゃう！」

と笑うのです。何というポジティブさ！〝神〟です。

普通なら、明らかに「面倒くさい」と思うところです。私の食事や赤ちゃんの世話も負担になるのですから。でも、こんなことを言える人なのです。感服です。年下ですが尊敬しています。

だから私は自分の娘たちに伝えています。「みんなのお世話になって育った。だから、あなたたちも皆の世話をしなさい」と。

でも、今までで一番助けてくれたのは当時の彼氏、今の夫です。今では私が娘、特に長女（23歳）に甘えています。鷹揚な性格で頼りになる子だからです。

人生で一番辛い3か月を過ごしたことが私の原点。あれ以上最悪なことはありません。父の死は平易に乗り越えられたのは、自分に家族がいたからです。どんなに悲しくても、私には「お腹をすかせた子どもたちがいる」ということ。この責任感が私を前進させました。

そして今まで私は色々な人に助けられてきました。父の葬儀の時のお坊さんが「四十九日であの世に行きました。あなた方が悲しんでいるのは故人にとって一番辛いことなのです」と聞いて腑に落ちました。私は仏教の「人は死ぬために生きる、生きるために死ぬ」という言葉が好きです。すごく腑に落ちます。死を意識しながら生きないと、ぼーっと生きてしまうと思います。それではいけないと思うのです。

3回みた母の夢

ある日の夢で、母は実際には会うことのなかった私の娘を抱っこしていました。とても幸せそうで、親とはつながっているのだなと思ったものです。

また別の夢では、菩提寺に母が布団を敷いて寝ていました。実を言うと、私は母の臨終には立ち会えませんでした。夢の中で私がそこに入ろうとすると、お坊さんに「あなたはダメです」と止められました。「どうしてだと思う?」と聞かれた私は、「これからも、兄嫁に感謝します」といったら「入りなさい」と許可されました。

またある夢では、母がふわふわのベッドの上に坐って、色々な人とニコニコしながら話していました。私が「痛くないの?」と聞くと「全然痛くない」と、母は私に手を振ってくれました。これを聞いて、私は気が楽になりました。「もう悲しむ必要はないな」と思いました。

ちなみに父も死後、夢に出てきたことはありますが、メッセージ性は弱いです。

亡き母を娘に語る

私は意図的に亡き母について娘たちに語っています。なぜなら娘たちが母のことを知らないのが淋しいからです。母の思い出話をよくします。そうすると娘は、「そんなことしたらおばあちゃんに叱られるよ」と言ったりします。あえて母が使っていた甲州弁でしゃべっています。

そして娘たちは私の母の夢を見るほどになりました。会ったことがないのにね(笑)。娘たちは亡くなった母のアクセサリーなどを身につけたがります。「今日、これ借りていくよ〜。一番おばあちゃんらしいから」と。嬉しいことです。

私の実家は古いしきたりのうちで、女性は嫁いだら実家にあまり行くべきではないという考えです。また、嫁いだ先も古い考えの家で、基本的に嫁は働いてはいけない、長男の嫁は家を守るのが仕事という考えです。しかし、男の子を産まなくてもよい、健康な子供であればよく、そこは良かったです。

良かったことは母の老いた姿、いわゆる「老醜」を見ないで済んだことですね。それと義父母の死亡時にうろたえなかったことです。私にはもう覚悟があるから大丈夫です。

母が亡くなって26年が経過しました。母の死を悲しむ気持ちは終わりました。悲しくはないです。今の気持ちは、どちらかというと「寂しい」に近いですね。私は「いつまでも悲しんではいけない」と思うんです。「いない者はいない」と割切らないといけない。いる者に目を向ける、つまり夫と子どもを大切にしようと思っています。また、「いつまでも悲しみを引きずる私」も嫌いです。

両親と義父母、もう4人とも全員亡くなりました。そして私は全員を送りました。今は「全部必然だった」と思っています。その都度「私に足りていないもの」を教えてもらっています。もう、私は介護と看護からは自由になりました。母の代わりは誰にも務まらない。「これからは自分がやるんだ！」と強く思いました。

私も、もう53歳です。これからは親戚の行事等を中心になってやらなくてはいけません。もっとしっかりしなくてはと思っています。私の娘たちへの躾は、実は母の口癖です。「裏表がある行動はしてはいけない」「必ずお天道様や人は見ている」と今日も言っています。

7　複雑な思い（特別編：Gさん53歳、33歳時）

母の死後3年間は辛かったですが、今はだいぶ治まりました。

私が仕事中、会社に「母が交通事故に遭った」と電話連絡が入りました。そういうことは初めてではなく、前回は「大丈夫」と本人からのメールが後から来ました。ですが、この日はそれがありませんでした。嫌な予感がしました。会社から病院へ向から電車の中で、私は「ひょっとして」と思うと、涙があふれ出て止まりませんでした。そして、悪い予感は当たってしまいました。母は自転車で近所を走っている時に車にはねられ、亡くなりました。私が33歳の時です。

相手の車に過失があり、裁判になり慰謝料を争いました。その結果、示談になりました。係争中、霊が見えるという知人に霊視してもらいました。その人に「お母さんが『早く裁判を終らせて』と言っている」と言われました。裁判の期間は半年ぐらいだったでしょうか。姉が対応してくれたので、よく覚えていません。

また、他人の優しさも感じました。心配してくれる人は多かったです。一方で「死後の世界」の本などを読みあさりました。死後の世界を知ることで安心したかったのです。占い師にも頼りました。

母親への満たされない思い

悲しいことに、母は私より姉と妹を可愛がっていました。幼い頃、テレビドラマのワンシーンを真似て「一緒に寝たい」と母に甘えてみたことがあるのですが、「嫌だ、気持ち悪い」と即座に断られ、落ち込みました。

私は母親にもっと可愛がってもらいたくて、子どもの頃から気を引こうとあれこれしました。反抗的で、口答えをたくさんする神経質な子でした。一方で、すごく良い子を演じたりもしました。親子にも相性があるようだから、私と母は相性が悪かったのかも知れませんね。でも原因は家庭環境にあるのかも知れません。私の両親は最初、核家族でした。夫婦2人だけの新婚生活です。そして、姉が生まれました。当然、母は姉を可愛がりました。

そのうち、祖母（父の母）が同居するようになりました。そして、私が生まれました。祖母は、同居してから初めて生まれた孫が私であることから、私を溺愛しました。確かに私はおばあちゃん子になりました。その様子を見た母は、「第二子（私）を姑に取られた」と思ったらしいです。それが原因だったのかもしれませんね。

また、物心ついてからは一度もハグしてくれませんでした。昭和の母親はみんなそうですよね。母は私を一度も甘やかしてくれませんでした。だから、母への気持ちは今も微妙な感じです。もちろん、悲しいのですが……。

「マザレスお嬢」の集会に行ったことがあるのですが、皆さん亡くなったお母さんが優しかったり、お母さんを大好きだったりで「羨ましい」と思ってしまいました。だから、もう行っていません。

残された父と私

母が亡くなったとき、姉は同棲していましたし（後に結婚）、妹は要領が良いのですぐに実家を飛び出し、一人暮らしを始めました。実家には父と私が残され、私が働きながら父の世話（家事）をしました。

父は感情で叱る人でした。実は、母は私が依頼した用事をしにいく途中で事故に遭ったのです。だから、私は自分でも罪悪感がありました。それなのに、父からも「母さんが死んだのは、お前のせいか！」と怒鳴られ、本当に嫌でした。

母の死後、父は寂しさのあまりスナックに行くようになりました。そこで知り合った人から先物取引を勧められて、結局は大損しました。街金に借金を作り、いわゆる「怖い人」が朝から自宅に取り立てに来て、大騒ぎになったことも何回かありました。

私たち三姉妹があまり父の寂しさに寄り添わなかったから、「死んだ母さんに会いたいから、父さんは今からマンションの9階から飛び降りるぞ!」と私たちに電話をかける騒ぎを何回か起こしました。その都度、私たちは父の元へ駆けつけ、なだめました。父が再婚してからもこの騒ぎは続き、「新しい奥さんに失礼よ」と私たちは父をたしなめました。その父も、もう病気で亡くなりましたが……。

私はこんな情けない父の世話をしていた頃、「母がいなくて辛いな」と思いました。と同時に「母はあんな父から解放されて良かった」とも思いました。のちに父は再婚しましたが、その人は「父の奥さん」という感じです。私の母ではありません。「父の世話をする人」です。これで私は父の世話から解放されたので良かったです。

父のせいで私は男性に対して懐疑的になりました。交際していても、本当に良い人かどうか試してしまうのです。「こんなことしても怒らないかな?」などと、わざと怒るようなことをしてしまうのです。

母が生きているうちにもっとたくさん話をしたかったです。彼氏のことも相談したかった。「この人で大丈夫かな?」と。母の死後、私は3年間ほど事実婚をしていました。結局私達三姉妹は、誰も母には花嫁姿を見せられませんでした。

「男に頼らない人生」を選ぶ

頼りになった人は姉の夫（義兄）です。いわゆる「怖い人」が父の借金の取り立てに朝、実家に来ました。大声で騒ぎ立て、とても怖かったのを覚えています。義兄に電話すると直ぐに飛んできてくれました。彼の仕事がある日でも来てくれたのです。休暇を取ったり、遅刻をしてまで、父の借金取りの対応をしてくれました。義兄は、ひたすら怖い人たちの言い分を聞くのです。そして、「はい、分かりました。だから、お帰りください」と冷静に繰り返すだけでした。1時間もすると、「怖い人」たちは根負けして帰るのです。これが何度かありました。

義兄は武道の有段者などではなく、ましてや警察官や自衛官や消防士でもなく、普通の会社員です。ただ、義兄は体が大きいので、怖く見えるのかも知れません。本当に勇気のある凄い人です。家族を守ろうという気持ちの強い男らしい人です。

私はずっと一流企業で正社員として働いてきて、経済的に自立し、マンションも買いました。父を見て、男に頼らない人生を選んだのです。あんな父に頼るしかなかった母は、私にとって反面教師なのです。

母の代わりはいません。でも、姉妹で支え合っています。母の死で、三姉妹の団結は強くなりました。4歳上の姉はしっかりしているので難しい問題を相談し、6歳下の妹とは気軽に他愛のないことを話しています。今では3人で母を話題にお酒を飲んだり、旅行に行ったりして仲良しです。

第4章　女性たちの気持ちの変化とライフステージ

1　母の死の前後の娘の気持ち

　この調査で改めて気付いたことなのだが、母親が直接の死因となった病気だけでなく、他の病気にも罹患していたケースもあるということだ。もしくは若いころから長く病気と闘っていたお母さんもいる。突然の事故死というケースもあったが、亡くなる前の段階で家族が看病や介護を行ってきたということである。

　事例では、幼いので、母親ががんであることを家族から教えてもらえなかった人が2人いる。知っていたらもう少し違う対応ができただろうと後悔しており、このあたりは正解のない、難しい判断がそれぞれの家庭に求められるところだ。

　いわゆるヤングケアラーだった人も、わずかだがいた。学業のほかに、主に家族の夕飯作りを担当したそうだ。この家に生まれて損をしたと感じた人もいれば、さほど気にしなかった人もいる。

ヤングケアラーが社会問題として可視化されてきたのは近年のことであり、インタビュイーが10代の頃は「こども食堂」などもなく、誰かが食事を作るしかなかった。また、コンビニエンスストアも数は少なかったし、取り扱い商品数も少なかったから、大変苦労したと思う。なお、それらを親戚のおじ・おばが手伝ったという発言は、ほとんど聞かれなかった。

母への思慕と不満と後悔

事例の中で、厳しい母親だった人はいるが、母親に虐待された人はいない。多くがとても優しい母親だったようで、それゆえに悲しんでいる。

ところで、母親の思い出としては定番の「おふくろの味」の話はほとんど聞かれなかった。マザレス会でも話題になったことがあるが、結論は「そんなことより、無条件に私を愛してくれた母を失ったから悲しいんです」であった。この言葉は、個別のインタビューでも何度も聞かれた。母親はほかの家族のメンバーからは傑出した存在なのだ。

マザレス娘たちが感じた辛さとは、集約すれば「母がいたらどんなにか良かったことか」と思う瞬間であり、それは数えきれないほどあるということは多数から聞かれた。具体的な内容は、以下の通りだ。

・結婚は女の人生の一大事。母に相談したかった。
・もっと話したかった。彼氏のこともこの人でいいかと相談したかった。
・母に勧められる結婚がしたかった。夫婦生活で上手くいかない時、やっぱり自分一人で決めた結婚だからだと思ってしまう。
・ちょっとしたときに実母に子どもを預けたかった。
・もっと母に優しくしたかった。「私をどうやって育ててくれたの?」と聞きたい。
・もっと一緒に旅行に行きたかった。一緒に映画も見たかったな。
・母は実家に何でも頼り切りだったのに、私は一人で育児。つまらない、腹立たしい。
・子どもの頃はひたすら母に会いたい。甘えたかった。出産後は「なんで早く死んじゃったのよ! 何でも私がやらなきゃいけないじゃないの、大変だったのよ!」という怒りを天国で母に会ったら真っ先に言いたい。
・母に会って、育児の息抜きがしたい。母から育児のアドバイスが欲しい。
・兄の子を可愛がっていた母が、「将来あなたが産んだ子供はどんなに可愛いだろう」と生前言っていた。母が生きていたら、私の子たちをどんなに溺愛してくれたことだろうと想像すると泣けてくる。
・母親がいる人(女性)はフルタイムで働ける。子どもが熱を出しても実母に預けて働ける。経済格差が出るのではないか。

怒り

「何で早く死んだのよ!」。これは先のDさんの他に2名いた。他の2名は主に出産直後の育児期にそう思ったようだ。「お母さん、なんで死んだのよ! お陰で私は今こんなに苦労しています」

近年では、実家の母親が遠くて来られない人等のために、産後ケアホテル、産後ドゥーラ、産後ケアリストなどが増えた。しかし現実的には、里帰り出産をしたり、実母がやってきて出産したての娘と赤ちゃんの世話をすることが多いだろう。マザレス女性たちは、助けどころか電話やメールでアドバイスをもらったり、子どもの成長を報告したりも出来ない。この寂しさや苦労から、母の死への怒りにつながるケースである。

母とは微妙な関係だった人

ある人は、母と生前微妙な関係だったが故に死別後も複雑な感情を抱いていた。

「母はネグレクト（育児放棄）気味でした。母は自分の好きなように生きていた人でした。父が社長を務めた会社で、母は経理を担当していました。『自営業は人付き合いが大事』と言っては、毎日自宅に知人を呼んで、麻雀をしていました。私が帰宅すると、ほぼ毎日そんな状態でした。私は『母に捨てられた』と思っていました。だから、母が亡くなったときの気持ちは

〃無〃です。ただ、父があんなに頑張って働いて築いた財産を母が全部使い切ってしまわなくて良かった。会社が存続できるくらいの額は残ったのでほっとしました。

母の死後、友人から母が私のことを心配していたエピソードを初めて聞きました。そして、母なりに私を愛してくれていたことを知り、泣きました。

実は母は、祖母（母の母）から育児放棄された人なのです。祖母は会社の社長をしており、多忙だったのです。母は育児されることを体験していないから、子どもの育て方が分からなかったのだと思います。悲しい連鎖です。だから、私は娘をとてもかわいがって育てました。娘も頼りになる子に育って、うれしいです」

兄弟、姉妹と母のえこひいき

複数の子どもがいる場合、家庭環境により母親たちには好き嫌いがあったようだ。母親は姉を可愛がっていたが、その理由が分っている人もいる（Gさんの例）。

その他、次のような例もあった。

「兄が私をライバル視していました。なぜなら母は女の子が欲しかったから、私は母にずっとかわいがられた。母の死後に兄からそれを聞かされ、今では兄と距離を置いています」

「母が息を引き取った直後に、妹が私の悪口を言いだして、傷ついた。私は先に結婚した妹の出産のときに手伝ってあげたのに……」

親子、きょうだいの間でも人間関係は変化していくものだが、母親の死以降、関係が固定化したり、ネガティブな感情が拡大するケースもある。

病気による母親の性格の変化

Fさんは「病気は、母の性格を変えました。特にがんのような病は。ストレスを私や父にぶつけていました。悲しかったです」と述べている。

全く同じ意見は3人から聞かれた。

何名かは母親が過去にもがんを患って手術したり、再発したりと長年闘ってきた。

「私の母との短い思い出には、いつも母の病気がついて回りました。病気さえなければ、母との仲も違っていたのかなと思うと悲しいです」

母親の晩年において、それまでの思い出や関係性を書き換えるきっかけとなってしまうのが闘病体験だ。特に若くして死に向かう場合、事態を受け入れられないことも多く、「穏やかな死」とは程遠い様相を呈してくることもある。

母娘マーケティングへの疎外感

近年、母娘の関係性は、以前の家父長制が支配的だった時代にくらべ、総じて距離の近いものになっている。結婚後も実の母娘で旅行や食事、買い物に出かける機会が増え、母娘による消費をターゲットにした商品やサービスも増えている。

過去に「母娘ディズニー」というキャンペーンがあった。2010年頃、それまでファミリー層が中心客というイメージであった東京ディズニーリゾートが、客層を拡げるべく展開したキャンペーンで、その一環として「母と娘のちょっとリッチなおとな旅」という旅行商品を開発した。就職して収入を得られるようになった娘とその母親をターゲットにしているわけだが、これに対し、病気の母を持つ娘たちにはとても悲しく恨めしく思っていたと2名が指摘していた。「そんな元気なお母さんばかりじゃないですよ、と言いたい」「必ずしも母と良好な関係の娘ばかりではない」との声が聞かれた。

広告戦略におけるマーケティングでは、ターゲット層の具体化が行われる。それは時として、世間における人間関係などの「あるべき姿」の提示にもなり、そこに当てはまらない人にとっては、規範的価値観とのずれを認識する契機ともなる。マザレス女性が数の上ではマイノリティであることを鑑みるに、こうしたコミュニケーションの手法に疎外感を抱くこともあるということである。

天地がひっくり返るような思い

ある人はこう言う。

「私には『母が死ぬ』という天地がひっくり返るような経験をしたのに、一歩外に出れば何事もなかったかのように人々は行き交い、車は走り、日は昇り沈む」

自分一人だけ、世間から置いてきぼりをくらったような疎外感や無情は数人から同じ意見が聞かれた。私もその一人だ。この疎外感は、マザレス女性にとってとりわけ身に染みるものである。

ここから脱するきっかけとして多くの人が挙げているのが、日常生活そのものである。食事を作り、家族の世話をし、家を片付け、洗濯掃除をし、仕事にも行く。たとえそれらが好きなことでなくても、少なくとも気は紛れる。こういったことに日々を費やすことを通して、寂寥感や疎外感から脱していくのである。

終末期の過ごし方

高齢化社会の進展に伴い、終末期医療の在り方が議論されるようになって久しい。最期をどのように迎えるかというテーマが主体的に語られるにつれ、「最期は自宅で迎えたい」という意見が多く聞かれるようになり、自宅での最期が理想的な最期とイメージされている。ただ、若年期に親の最期に直面したマザレス女性からは、切実な声が上がっている。

「誰がその人の面倒を見ると思っているのでしょう？　私ですよ！　一人っ子なので、他の選択肢がないのです。ケアラーのことを考えて欲しい」

逆の意見もある。

「4人兄弟で末っ子の私が、母の最期の日々を共に実家で過ごしました。父は既に亡くなり、当時は兄姉間では私だけが独身だったというのもありますが、私が母と同じ職業（理学療法士）ということもあって、そうなりました。看取りは大変でしたが、母の強さや最期まで私を思いやる気持ちが感じられる貴重な時間と経験でした」

彼女の発言からは「私が母の貴重な時間を独り占めしたような嬉しさ」が感じられた。

ただしこれは、当事者が医療従事者であったという事情が大きく作用していることは間違いない。多くのマザレス女性が、学生時代やキャリア形成期に母親の死と向き合っていることから、理想と現実のギャップは、高齢になった親を亡くすケースよりも大きいと思われる。

母のわがままに付き合う

以下は私の体験談だ。

私の母は元気な頃から私たち家族にこう言っていた。

「もし将来私ががんになったら、絶対に私にはがんだと伝えないでね。がんになったと知ったら、ショックでそれだけで生きて行けそうにないから」

そして本当にがんになってしまった。だから、家族で嘘をつきとおした。担当医にも医師である母の弟にも頼んで、最期まで全員で母を守った。

病室に私が泊まったある晩のことだった。２人だけの時に、

「お母さんは胃潰瘍でしょ？　こんなに治療しているのに、どうして治らないんだろうね」

やせ細り、腹水が溜まったお腹だけが目立つ弱々しい身体で、寂しそうな目で私に訊いてきた。

「うん。でも、きっともう少ししたら良くなるよ……」

そう言うのが限界だった。私は必死に涙をこらえた。胃潰瘍は疑っていない様子だった。なにせ、担当医も信頼している弟もそう言ったのだから。

「トイレに行ってくるね」

そう言うと、私は病室から廊下に出て、トイレに向かった。怪しまれないように、普通の速度で歩いた。夜の静かな病棟のトイレで、声を殺して泣いた。思い切り泣いた。本当のことは決して言えない。

病室に戻ると、母は眠っていた。ほっとした。私は翌朝、そこから出社した。あれほど辛い質問と嘘は、私の人生60年で他にない。

でも、考えようによっては、母は幸せな人だったのかもしれない。家族・親戚からも医者からも嘘をつき通してもらって、守ってもらえたのだから。結局、母は自分の病名を知らないまま、信頼する病院で亡くなった。これで良かったのか分からないが、最期の親孝行で良しとしよう。

この話を2人の娘に別々に聞かせた。それなのに感想が共通していたのに驚いた。「ママのお母さんは幸せな人よ。できる限りのことをママがしてくれたことは分かっていると思う。口には出さなくても感謝しているよ、きっと」と意外な言葉を聞き救われた。2人とも毎日接しているのに、気づかぬうちに大人になったなと感じた。

長女は「私も、もっとしっかりしなきゃな」、次女は「お祖母ちゃんはいつも見守っているよ。だから、うちは幸せに暮らせているのよ」と言った。

2　残された父と娘の関係

母を亡くした後は、当然ながら残された自分自身と父との関係がクローズアップされてくる。そもそも母と死別した時点で、父とも死別していた方は3人、離別していた方は1人おられる。娘にとって父親の存在が大きい人は少ない印象だ。

「母でなくて、父が代わりに亡くなったら良かったのに……」

残念ながら、これは実際にインタビューで本当に聞かれた発言だ。エーデルマンの研究でも、13%が父親との関係が最高だと言い、33%が良好、23%が普通と答えたが、31%は険悪な仲だという（エーデルマン 1995: 418)。

荒れる父親

私の父は、母が亡くなった1年間ぐらいは荒れていた。暴言を言われたこともある。母が亡くなって、私もとてつもなく悲しいのに、追い打ちをかけるように私に当たるのは辛いことだった。私が会社員をしながら父の夕飯も作っているのだから、ねぎらって欲しかった。父にとっては7歳年下の妻が先に逝くことは、受け入れがたかったのだろう。父は母の入院中、毎日お見舞いに行った。親戚からも「夫の鑑」と言われていた。

その後は元の父に戻り、結婚などいろいろなことを話せる関係に戻ったのでよかった。

ある人は母亡き後、仕事をしながら家事全般を担った。が、母親のように家事が出来ないことに父はいらだち、彼女に八つ当りをした。お茶を出すタイミングが違うなど、かなり些細なことでも怒られたそうだ。

彼女が結婚して家を出た後、弟さんにも同じ被害が及んだ。すると弟さんが電話してきて、「僕はお父さんの奥さんじゃない！」。要するに子供の性別に関係なく、このお父さんは自分に完全に合わせた家事の仕方を家族に要求する人だったのだ。

家事や身の回りのことを父親はするものではない・すべきでないという家父長制的価値観にとらわれている場合、母親（妻）の喪失という家族の事態に対応できない父親となってしまう。

父親の涙

母親が亡くなったとき「泣く父を初めて見た」とは、7、8名の方から聞かれた。1回だけの人もいれば、死後数回父が泣くようになったという方も数名いた。「だから、私がしっかりしなければと思った」「私が父を守らねばと思った」と答えている。父親が先に泣くので、自分が泣けなかったという人もいた。

次のようなケースがある。

「母の死後のある夜、父がひとりでこっそり泣いているのを見てしまいました。父が泣くのを見たのはそれが初めてだった。それを見たときに、『これからは私が父を支えていかなければ』と思ったのです。

父は母の死後、ショックで1年くらい体調を崩していました。本来優しくて、家事もできる父でした。近所の医者では逆流性食道炎と診断されていたのですが、ある日父は吐血しました。病院に連れて行って検査すると胃がんでした。手術したものの、がんはもうすでに別の臓器にも転移していました。父のがんの開腹手術を見て、私は、

『結婚式を挙げて、私の花嫁姿を父に見せよう!』

と決心しました。

当時交際していた人はとても良い人で、その彼と結婚式を挙げました。父も参加でき、結婚

を喜んでいました。それが最期の父への親孝行でした。結婚式の2か月後、父は亡くなりました。

でも、私には母の時も父の時も、看護も看取りもやり切った感があります。最善を尽くしました。父にも母にも私のこれまでの親不孝を詫び、感謝しました。それを直接伝えられたからです」

この話を聞いて、私はこれが親に対してやるべきことの「正解」だと感じた。不孝を詫び、親に感謝する。それをまだ親の意識がしっかりしているうちに言葉で伝える。親の死は突然のこともあるから、普段から感謝を親に伝えておくことの大切さを痛感する。

彼女は謙遜しているが、両親ともに手厚く看護した方である。共働きで、収入の多い彼女が夫を扶養家族にしている。そして旦那さんと2人だけで、お子さん2人を立派に育てている。お子さんも良い子に育ち、野球チームのコーチや他の親御さんたちからも褒められているそうだ。

彼女が賢明だったのは、自治体の無料のカウンセリングをよく利用したことだ。「よく頑張りましたね」とカウンセラーに言われて安堵したそうだ。

困った父親

ある人の父親は、会社員ではあるが研究者らしく、薬の作用の専門家だった。だから、医者が自分の妻に与えている薬の効能などがわかってしまい、医者と議論していたそうだ。時には自宅から医者に電話して、30分も、「その薬を今の状態の妻に処方するのは納得いかない」などと議論していたそうだ。

その様子を見て娘は、「父が薬に詳しいのは分かるが、なにもそんなことしなくても……」と思っていたそうだ。父も医者も引かないから、彼女は医者に会った時には「すみません、うちの父が色々と申しまして」などと謝っていた。

父親の行動は、妻を思うがゆえとももとれるが、専門家としての自負やプライドと、やり場のない苛立ちを医者にぶつけているようにもとれる。娘にとっては困った父親であり、家族の危機に際して、それを乗り越えていく気力を削ぐことにもつながりかねない。

父を軽蔑した場合

「困った」程度を超えて、母親の死に直面したことをきっかけに、父親を軽蔑するようになってしまった娘もいる。次のようなケースだ。

「私の3人の子供のうち、長女は障害児です。でも、私はそのことを恥じたりしていません。母の法事でも親戚の前に堂々と連れて行きました。その後、父の親戚関係の大きな集まりがありました。すると父は、『お前はその子と留守番していろ。来なくていい』と言うのです。世間体を気にして障害児の娘を『親戚には隠せ』と言ったのです。私は呆れて『あ、そう！』と怒鳴って答えました。親戚はもう、そのことは知っているのですから。そして言われたとおり私と娘は欠席にしました。『父は愚かな人間だ』と軽蔑しました。母が生きていたら、こんな父の暴走を止めてくれていたのに。年齢と共に頑固になっていく父も嫌でした」

母親の不在が、父親の度し難い性分に歯止めを利かなくさせているのである。

その他に、第3章のGさんのエピソードで見たように、勝手に借金をしてくる父を軽蔑していた方が2名いた。

また、Cさんのエピソードであったように、父の意志が弱く、親戚に押されての再婚、さらには新しい妻の言いなりなどは娘に軽蔑される。「私が継母にいじめられても、父は見て見ぬふりをしました」など、遺恨を残している。

ある人は母親の死後、父親が無言で娘と息子を家に置いたまま、1人で実家に帰ったそうだ。その後もこの父親は娘に「青森の恐山や沖縄のイタコに会いに行って、死んだ母さんと話したい」と駄々をこねたという。娘が「あれは、お金かかる割に本当かどうか分からないからやめようね」と父を説得したそうだ。

父が信頼される場合

一方、母親の死をきっかけに、父親が信頼を増した場合もある。

まずは、父親に再婚話が来た時に断ったことでより信頼が増したケースだ。

「『ふざけるな!』と父は再婚話を大声で一蹴しました。普段は温厚な父でしたので、あんな大声を聞いたことがありませんでした。父の亡き母への愛情を感じ、頼もしく思いました」

再婚話をどう受け止めるかは家族によって、当事者によって大きく異なるだろうし、そこに正解はないが、この場合、亡き母親への愛情を確認する契機となったようだ。


ある人の話。

「母の死後、父がお弁当を作ってくれました。ですが、高校に行くのがなんとなく嫌になり、不登校になりました。それでも、父は私に一度も『学校に行け』とは言わなかったのです。この父の忍耐強さが、身に染みました。そして、それが大変効果がありました。

後に私は学校に戻り、栄養士の資格を取って、中学校に栄養士として勤務しました。そして、結婚して妊娠を機に退職し、娘を出産しました。今では私の父への愛が大きすぎるくらいです。

『父の人生を私のせいで棒に振らせてしまった』と自責の念が強いです。父にも再婚する自由があっただろうに……と思うのです。

父はいつも私の選択を支持し、応援してくれました。だから今は、私の家の近くに父が住んでいます。娘の幼稚園行事など、必ず父も呼んで、私たち夫婦と父と娘と4人で参加しています。けっきょく、進路、職業選択、結婚などで親戚とのもめ事があっても、父だけが私の味方をしてくれました。それが最大の喜びです」。同じように、

「父は私を理解してくれている。だから、私も父を支えていこうと思える」

と言っていた方も2名いた。先述のEさんのエピソード通り、今は父親が大切なあまり「父が死んだらどうしよう」と心配している。

先述のBさんのエピソードで、「父が一言謝ってくれたら、または感謝してくれたら全て氷解するのに、どうして言ってくれないんだろう」とあった。しかし、父と和解した娘たちも何人かいる。「お前ひとりに看護の負担をさせて悪かったな」とか「よく頑張ったな、お母さんの世話」と言われたことがきっかけとなっている。Eさんも「わかっていても直接言葉で表されると感激するものです」と述べているが、その通りだろう。娘にとって、「父親だから何も言わなくても伝わるだろう」は、勝手な憶測にすぎない。

その他、家政婦を雇い入れてくれた父親には感謝しているものの、姉妹の母親への思いのギャップを認識することになった事例もあった。

「父は家政婦さんを週5日雇ってくれて、私たち姉妹に家事の負担が来ないようにしてくれ

ました。家政婦さんは10年以上いてくれました。亡母よりかはずっと年上でしたが、良い人でした。高齢のため辞めることになったのですが、最後の日、妹にとっては母親代わりだったようで、抱き着いて泣きじゃくっていました。それを見て妹との感覚の違いに悲しさを覚えました。私にとっては母の記憶がしっかりとあるので、家政婦さんでしかありませんでした。妹は母の記憶が無いらしく、私が、『この花、お母さん好きだったよね』と言っても『知らない。そうなんだ、ふ〜ん』という感じで期待外れの反応です」

3　結婚

自分ひとりで決断

Dさんのエピソードで「自分で選んだ夫だから、『上手くいかない』はあり得ないのです」とあったが、こういった自己責任感の強さが、マザレス女性には多く見られた。母の死は自己責任ではなかったが、それ以外自分の人生で選択できるところは多く、上手く生きていけるように自分で選択した、という自負を感じるのである。

ある人は求婚されたときに、「自分ひとりでよく考えて決断した。だから、結婚後も何が起ころうと私の責任だ」と考えたという。また別の人も結婚生活で辛いことがあったとき、「自分で決めた結婚でしょう?」「そんなこと分かっていたでしょう?」と自分で自分を叱責したそうだ。

パートナーへの不満を打ち明ける相手として母親は一般的な存在だが、それが不在であることは、彼女らの自立心に影響を与えるようだ。

ただしどんな人でも、全てを自己責任で決めていくのは限界があるし、そのことが最良の選択につながるとも限らない。マザレス女性は必然的に、困った時、今自分の周りにいる人の中で信頼できる人を探して、何とかしなくてはいけないと考えるようになる。

それから皆さん恋愛結婚だが、結婚年齢が早いように思う。複数人が、「母を失った分早く結婚して自分の家庭を築きたい」と言っていた。母が亡くなったことで、結婚の日取りを早めた人もいた。

夫選び

「夫は優しい」と答えた人は圧倒的に多い。家事育児ができそうな人を夫に選び、実際、家事育児を分担してきたそうだ。

ある人は「母の死で今後、私の人生は困難なのは予想できる。だからこそ、その荒波を乗り越えるパートナーには協力的な人を選んだ」と言った。現実的な意見を持っていたことがわかる。

６名の方が「結婚生活は人生に必要な修行」という内容を言っていた。結婚生活に対し、利得ばかりを期待する風潮が一部にあるが、彼女たちは覚悟をもって臨んでいることがうかがえる。

私の場合は、父は博学で責任感も強く尊敬できるが、家事がほとんど出来なかった。これは生活に大きく影響することを独身時代に痛感した。だから私は父を反面教師にして、尊敬よりも、優しくて家事の出来る男性を夫に選んだ。だから、家事育児ではさほど困ったことはなかった。

マザレス女性たちが結婚相手に優しい人、家事育児ができそうな人を選んでいることと同時に、他に頼るところのないマザレス女性の境遇を鑑み、夫が成長したという可能性もある。1人だけだが、そのような声も寄せられている。また、Aさんの夫は両親が健在であるが、パートナーの境遇に心を寄せている。

「子供たちが小学生のころ、私がいない場所で夫が子供たちにこう言っているのを聞きました。『ママはね、みんなの年頃には、もうお母さんがいなかったんだよ。だから、2人とももっとしっかりしようね』」

Aさんの心情を理解しているのが、よく分かる。

一方、Eさんのエピソードで夫も同じ頃（20代前半）に夫の母と死別したのに、悲しまない・共感しないとあった。因みに私（臼田）の夫は9歳の時に父親と死別しているが、やはり悲しまない。マザレスにも、同じ父を亡くした母子家庭育ちの人にも、共感を示さない。さらに母子家庭だったことを上手く隠すし、話をはぐらかす。当事者なのに他人事として受け取っているのは理解し難い。

しかしこれは、男性は弱みを見せるな、強くあれ、泣くな等「男らしさの呪縛」で自由に感情を表せないことの表れだろうか。研究によると男性と女性で死別の悲しみの反応は違うようだ。男性は殻に閉じこもり、女性は他の人間に接触しようと試みる（Rando 1988）。男性は強い悲しみの感情を見せない傾向にある。そして仕事、性生活、遊びと飲酒に破滅的行動をとりがちで、むしろ怒りを見せる。女性は悲しみの感情を表現するし、他人からのサポートを得ようと探し求める。これらは、男性が社会（周りの友人達）から「強いし、すぐに悲しみから快復するだろう」（Stillion & McDowell 1996）と思われているからでもある。

しかし、近年の研究では、少なくとも西洋社会では、悲しみ方は男女の性差（ジェンダー）と関係するが、それで決まるものでもない。それは本人の性格だったり、家庭環境だったり個人差によるとされている（Doka & Martin 2010）。

4　出産育児

まずは出産のエピソードから紹介しよう。

「私の出産で役に立ったのは夫と私の弟です。私は両親を亡くしているので、親は頼れませんでした。2番目の子の出産では、『陣痛が来た』と呼んでも来ない姑や舅より、電話一本で会社を早退して病院に駆けつけてくれた弟の方がよっぽど役に立ちました。この時、姑にいたっては『私は今晩飲み会があるの。だから無理』と断られました」

義理の両親が必ずしも頼りになるとは限らないという例だ。子育てにおいても、「夫婦だけで」という意識は強い。

「夫婦だけで育児をしたという自負はあります。私の両親は共に死別していますし、夫の両親は変わった人たちで、全く当てになりません。夫自身も嫌っています。お陰で、息子たちが良い子に育った。特に褒められるのは、リーダーシップと仲間への気遣い。適切なところで、落ち込んでいるだろう仲間に適切な声かけが出来ると言われます。私は特にそう育てた覚えはないのですが……」

別の人。

「夫婦だけで子育てはやりきりました。息子2人は東京の大学に進学しました。時々、私が東京へ行ったり、息子たちが帰省したりとほどよい関係をキープできています」

その他にも、子どもたちが優しい、特に第一子が男でも女でも優しいという意見は聞かれた。母親を理解してくれているというのである。

こうして良好な親子関係を築くことができ、「子供が生きがいになった」とほとんどの方が言っていた。夫は助けてくれた人だが、生きがいにはなっていない。

未婚の方2人は弟たちが、大学教員の方は学生たちがかわいくて生きがいだとそれぞれ言っていた。自分より年少の者たちをかわいがることで、母からの愛情の不足分を補っているのかもしれない。

第5章　親戚との関係

1　おじ・おばとの関係

マザレス女性にとって、親戚との関係は重要だ。母親という最も頼れる存在を欠いたまま生きていかなければならないとき、親と世代の近いおじ（伯父・叔父）・おば（伯母・叔母）には、部分的であれ、その喪失を補ってくれる可能性を期待できる。実際にはどうなのか、当事者の声を聴いてみたい。

伯父・叔父

親戚の集まりなどで、皆の前でおじが「○○ちゃんはお母さんの看取りを良くやった。頑張ったね、偉かったよ」「○○子は、母親を亡くして辛かっただろうに、仕事も家事もして立派だ」などと大きな声で言ってくれた。褒めてくれた。だから嬉しかったというのは、複数名から聞かれた。

また、おじに自分の結婚相手の男性を挨拶に連れて行ったところ、「若い時に苦労した娘は、将来しっかりした良い奥さんになるからいいよ」と褒めてくれた、という話もあった。

このようにおじに関して好意的な声が多く聞かれたが、これにはいくつかの要因があるだろう。

まず、インタビュイーの平均年齢が44歳であることを鑑みると、おじはいわゆる団塊世代かそれよりも上の年齢層になる。この世代は、男性が外で働き、女性は家庭を守るという形態が多数派であったことから、男性のほうが、「皆の前で話す」ことに慣れていると言える。また、社会生活を通じて形成した経済力や自信が後ろ盾となり、姪に対する同情的なスタンスにつながっている可能性がある。

一方でこの世代の男性は、家庭のことはパートナーに任せきりという人も多かった。そうした男性が、マザレス女性が直面する生活上の苦労を具体的に想像したうえで、その立場になって同情しているかどうかは疑問である。家事や育児、介護がどれだけ大変かを知らないまま、〝高みの見物〟のようなスタンスで接しているケースもあるだろう。

ともあれ、人前で堂々と褒めてくれたことに感謝の気持ちを抱いている人が複数見られた。

伯母・叔母

では、おばの場合はどうだろう。母親と比較的年齢が近い女性ということで、マザレス女性にとっては、最も「母親代わり」になってくれそうな立場の人ではある。アメリカでは「母親代わり」の一位はおばである（エーデルマン 1995）。だが、実際に聞かれたのは次のような声だった。

ある人は、母親の葬儀の時に泣けなかったという。あまりに母の死が突然だったので、感情がついていかなかったそうだ。するとその様子を見ていたおばから、「冷たい子だね！」と言われ傷ついたそうだ。

「あんたの母親みたいに、私も早く死ねば良かった！」

おばにこう言われた人もいる。

このおばは早くから寝たきりになり、経済的事情で施設に入れなかったという。ショートステイでも介護士さんとトラブルになり、結局は息子が毎日喧嘩しながらも自宅で介護しているそうだ。息子のお嫁さんは当然介護担当を嫌がった。このような境遇から、「死んだらいつまでも慕ってもらえるのに、私は不自由な体で長生きだから幸せではない」ということだろうが、言われた人は酷く傷ついている。

またある人は、重要なことを決める場面でおばに相談しに行ったら、従姉妹《いとこ》たちから、「私のお母さんを取らないで！」「良いわね、２人もお母さんがいて！」

と嫌味を言われたそうだ。

このように、おばとの関係を尋ねると、感情的な反応をされたエピソードが多く聞かれた。これには様々な要因が考えられる。

まず、おじの場合とは対照的に、この世代の女性は全体的に見れば社会進出が進んでいなかった。つまり、彼女たちを取り巻く環境のうち家族・親戚関係の占める割合が大きく、客観的な立場から姉妹の死を受け止めることができなかった可能性が考えられる。

亡くなったのは「姪の母」であると同時に、自身の姉妹でもある。印象的だったのは、何人かが亡き母の姉妹間の学校の成績等の優劣を語っていたことだ。多いのは亡母が姉妹の中で一番賢く、残りのおばたちの成績が悪かったケースで、祖母が健在でそうハッキリ言うそうだ。こうしたことがあると、おばたちも面白くない。関係が近いがゆえの感情のもつれが、死に際して噴出することもあるのだ。


もちろん、意地悪なおばばかりではない。優しい伯母・叔母のケースもあった。

ある人のおばは専業主婦だが、夫が医者で息子は医学部に入学したので、裕福なうえに時間もある。だから、マザレスとなった姪っ子の成人式に際して、全ての準備を積極的に世話してくれて、満足のいく成人式を送れたそうだ。

ある人は適度な間隔で定期的に電話をくれるそうだ。それで、自然な会話の後に困ったことはないか聞いてくれるという。

また、別の人のおばさんは親戚みんなの前ではないが、1対1で会ったときに、「あなたは困難を耐え抜いてすごいのよ！　偉いのよ！」と言ってくれたという。

2名ほどは、母の妹の叔母さんが母の生前から仲良く、その娘たちとも一緒に遊んだりしていた。その場合は、母の死後も変わらず優しくかわいがってくれて、海外旅行にまで連れて行ってくれたという。

話を聞いていると、時々出てくる親切なおばさんたちは、裕福で自分の家庭がうまくいっており、心に余裕があるという共通点があるようだ。

おじ・おばと姪の関係の調査

伯母・叔母と姪の関係の調査は、日本では見当たらなかったが、海外では少ないがある。『おじさん・おばさん論』という本は、著者は日本人だが内容は海外の人の話で、その内容は驚きに満ちている。日本よりもっと、伯母・叔母さんが活躍している上、甥姪との交流が濃い。学校を創設したり、作家・小説家だったり、自宅で文学サロンを開き若い芸術家を集めたり、社会福祉の活動家だったり、おばの家や別荘で姪や甥が夏休み中過ごす。更に母の死後は代わりにおばがその子を育てたり、母はごまかす性教育をきちんとしてくれたりする、といった事例が紹介されている（海野 2011）。

私は日本でそういった話を聞いたことがない。困りごとを父ではなくまずおじに相談した話くらいだ。過去の有名人のおじ・おばについてだから例外的なのかもしれないが、一般人のおじ・おばでは記録が残っていないから知りようがない。

アメリカでは一般人のおばを調査したものはある。大学生の姪・甥たちは、おばたちを良くも悪くもロールモデルとみていた。例えば、ある生徒は「ウチのおばは、NPO団体のCEO（最高経営責任者）として活躍しているの。まさに理想の女性です」と答えた。一方で、「私が子どもの頃、おばは美人で女らしくて素敵だと思っていた。私が大人になった今見ると、彼女はとても子どもっぽい人だと分かった。幼稚な人です」と、冷静に分析している場合もある。また、「おばは亭主関白な夫（おじ）によって牛耳られ、発言権を失っている」と姪っ子たちに見ぬかれてもいた。

特に母より若い叔母だと比較的甥・姪に人気があり、それは幼い時によく世話をしたからである（Pashos & McBuzhey 2008）。週末に一緒にパーティをしたり、飲み屋を一緒に回ったりする。いろいろなゲームができたり、キャンプに行ったりする一方で、おばさんは第二の母であり、自分の両親と関係がうまくいっていない時は叔母の家にしばらく住んでいたケースもある。あるいは、信仰について迷いが生じたときにおばとディスカッションしたり、旅行に連れて行ってくれたり、行事の度にプレゼントをくれたり、レストランに連れて行ってくれたりしたことも挙げられている（Ellingson & Sotirin 2006）。

おばさんにそれなりの経済力があり、行動力もある。悲しいことに、日本ではあまりそういった話は聞かない。一部のマザレス女性が、母亡き後におばさんが海外旅行に連れて行ってくれたと言ったぐらいだ。

2　なぜおばたちは手伝わないのか

マザレス女性たちに心を寄せ、具体的なサポートをしてくれるおばは、経済力があり、自分自身の家庭がうまくいっている境遇にある場合が多いことが見えてきた。

しかしである。そのような条件が整わなくても、親戚として、同性として、マザレス女性の苦労を理解できる立場にいるのがおばという存在だろう。彼女らが「意外と役に立たない」というマザレス女性たちの声の背景にあるものは、一体何だろうか。

一つは、未だに家父長制の性役割意識が強いことが挙げられる。核家族単位ではそうでなくても、親戚一同が集まると途端に旧世代に逆戻りする状況は、日本の家庭でよく見られるように思う。親戚一同が集まれば、料理を作って提供するのは女たち。後片付けも女たち。酒を飲み、語り合って楽しむのは男たち——そういった一族が未だに多いのではないだろうか。親戚の中では女性は弱い立場であり、発言権もない。その弱い女たちの中でも、年齢が低い者ほど、上の者から抑圧や鬱憤のしわ寄せが来るのだ。

もう一つは、経済力、学歴、社会的地位などがおばたちに無いことに起因する、自信のなさが挙げられる。

これは逆のパターンから考えてみるとわかりやすい。家事を夫が分担するのは妻の経済力が強い場合であることが示されており、これを証明する研究は枚挙にいとまがない（例えばBaxter 1993; Usuda 2010）。つまり夫というのは、相手が妻であっても経済力で優劣をつけている側面があるということだろう。

配偶者に「この家事をしてね」などと要求する力や交渉力を、欧米の家族社会学では「バーゲニングパワー（Bargaining Power）」という。妻がバーゲニングパワーを発揮するにはその裏付けとなる収入を含む自信が必要になるが、これを獲得できない構造的な問題があるのだ。

友人が「育休取得とその後の働き方を考える場」というコンセプトのワークショップを行っているが、そこでも似た現象が見られたそうだ。

基本的に参加者は女性だけだった。「育休取得後、会社に復帰する時に、旦那さんと家事育児の担当について話し合っていますか？」と聞いたところ、「話していない」という声が多く驚いたそうだ。そこで彼女は「なぜ話し合っていないの？」と質問すると、「旦那が怖いから」と答えたそうだ。育休後は妻が時短勤務を選んでも夫の協力は必要だ。妻だけに聞かせても意味がない。そこで、「次回からは旦那さんも一緒にペアで参加してください」としたら、参加者が激減したそうだ。令和の妻たちですら、このような状況なのだ。

研究によると、妻の学歴が高くなるほど要求する能力（話術）が高まるという。学校が高等機関になるほど主張するまたは交渉する話法の技術を身につけるからだという（末盛 2013）。となると、妻たちは自分とかなり学歴差のある男性と結婚しているのだろうか？　いわゆる「上方婚」（男性からすれば「下方婚」）が根強いことの証左かもしれない。

手伝いたくないおばさんたち

こういった男女格差に起因する構造的問題から、おばたちがマザレス女性である姪を主体的にサポートする機運が失われている。ただ、このことに当事者はたいていの場合無意識であるから、感情的な問題としてとらえてしまう。

ある人は叔母たちから、

「貴方のお母さんに生前いじめられた。だから、あなたのことは手伝いませんよ」

と言われた。母親と娘は別人格であることが理解されていない。そもそも、亡き母が自分の妹たちをいじめていたという真偽のほどは、娘には確かめようがない。

また、ある人は伯母が手伝ってくれたが、次のようにハッキリ言われたそうだ。

「私が手伝ったのは、やらなかったら他の親戚の人から批判されちゃうからよ。だから仕方なく手伝った。決してあなたが好きだからではないわよ」

こんなことを言う必要があるのかと思うが、このような言葉を10代で聞かされた彼女の精神的ダメージは大きかっただろう。

そもそも、おばたちが姪を手伝わない理由として、マザレス会でも話題になったのは、「おばさんにも家庭があるから」ということだった。まずは、姉・妹家庭の手伝いよりも自分の家庭の炊事洗濯を優先しなければならず、その余力があれば手伝ってもいい、という程度なのだろう。

親戚のおばさんの弱さ

手伝わないどころか、いじめにまで発展しているケースも見てきた。その原因は、いじめている女性たちの自律性のなさ、経済力のなさ、自信のなさ、責任感のなさ、離婚されたら困るという心配などが原因だろう。端的に言えば弱いのだ。弱い者からより下方へいじめのベクトルが向かっているだけなのだ。

例えば夫からボランティア活動に参加するのを禁止されている女性が、私の知り合いにもいる。彼女の夫の言い分はこうだ。

「金を稼ぐ訳ではないから、そんな余計な事に時間や体力を使わず、自宅で家事育児を手抜きしないで、もっとしっかりやりなさい」

その人も働いているが、パートだから収入の面では夫に対して依存している。強く言い返せず、仕方なく夫の言うことに従っている。

また、父子家庭には門番のような父親がいる。おばさんたちにとっては怖い存在だ。親切心でなにかやろうと思っても「余計なことをするな！」と怒られてしまうこともあるだろう。おばさんたちには男性と堂々と会話する度胸がない人もいれば、男性との会話の仕方すらわからない感じの人もいる。

さらには、実は既婚女性たちでも炊事（料理）を面倒くさいと思っている人が多いことは、近年の書籍や調査でもわかっている。自分の家族の料理も仕方なくしているのに、他の家の料理まで行う気力がないのだ。

この「おばさんの弱さ」からは、家父長制的な価値観のもとで社会的能力の開発機会を失った女性の姿が浮かび上がる。

助けなかった理由

マザレス会の活動とは別に、私には普段から問い合わせがある。その中に、「私はなぜ身内にマザレス女性がいたのに助けなかったのか」を説明してくれた勇気ある人もいたので記しておく。50代の女性で既婚、子供がいる方だった。義理の妹がマザレスだったそうだ。

①自分も夫の転勤や子育てで忙しく、他の人にまで注意が行かない。自分のことだけで精一杯だった。

②母親がいることが当たり前すぎて、「いないとどう困るのか」に思いが至らなかった。慮

ることが私にはほとんど不可能だった。

③本人が言わないから「何に困っているのか」が分からなかった。

だいたいが想像できる理由である。

この人はマザレス会の新聞記事を読んで初めて気付いたというが、当たり前のことでもこうして整理して発表することの意義は、ここにある。

3　意地悪な姑

姑からの嫁いびりは、マザレス女性に限ったことではない。昔からよく聞かれるし、ドラマにもある。姑が優しかったと答えた人は2人しかいない。

しかし、実母がいない女性が感じる姑からのいじめはまた違う。あるマザレス女性曰く、「私に実母がいないことで、よりしつこく強くいじめてきた」と感じている。「私に援軍がいないから、反撃がないと安心していじめている」と。本来は実母が生きていたら、姑も遠慮してもう少し攻撃を弱めたのではないかということだ。

こういった思いを抱いている人は3名以上いたが、皆さん具体的な話はしたくない様子だった。思い出したくないようだ。

私も若いころ、姑に「お母さんはなんで死んだの?」と何度も訊かれ、悲しい思いをした。知っているのに、なぜ同じ質問を繰り返すのかと神経を疑ったが、仕方なく都度答えた。姑に悪意があったのかは不明だが、実母の死という事態からどれくらいの傷を負ったのか、その想像力が欠如していたことは確かだろう。

ある人は、結婚して子どもが生まれたときに、姑からはっきりこう言われたそうだ。

「孫は私と血がつながっていて可愛い。だからサポートするが、あなたのことは支えない」

その他にも、次男の出産後、夫が呼んだので一応私の世話に来たが、

「あー、何もしたくない」

と大声で言う。また2歳の息子（孫）に向かって、

「夕飯作ってくれないか? 私は面倒くさくて出来ないから」

と言っているのを聞き、仕方がないから産後すぐの自分が姑のご飯も作っていた、などのエピソードが聞かれた。

これらは、そもそもの姑の人間性の問題もあるかもしれないが、「もう一人の祖母」があらかじめ不在であることに起因する、家族内のパワーバランスの偏りから生じた言動であるとも指摘できるのではないだろうか。

姉妹からのいじめ

姑とは異なるケースだが、姉妹からのいじめも聞かれた。姉妹でも抱いている感情は同じとは限らない。母親が亡くなった途端に、自分の悪口を姉妹が言い出したという方がいた。母の前では良い子を装っていたかったのだろうか。

また、姉妹で妹が先に結婚出産している場合は珍しくはない。先に結婚して出産した方は実母に出産の世話をしてもらったが、母親の死後に出産した方は母の支援はない。更に、出産した方の姉妹の出産時に自分は手伝ってあげたのに、私の出産時は手伝わない、というエピソードが聞かれた。

それについてあるメンバーが次のように答えていた。

「それは、本当は世話してもらった姉妹の方は『私の時は彼女が手伝ってくれたのに、私は彼女の出産を手伝わなくて悪かったな』と思っているはず。もし、悪い行いに気がつかないのならその人は愚かだし、罰が当たるでしょう。『悪かったな』と気付いている方が、心は痛んでいるはず。苦しんでいるはず。だから、その時点であなたの勝ち、というか優れた人物ということなのよ」。この言葉に皆が救われた。

母がいなくなることによる関係の変化は、姉妹でもあるのだ。おば達のいじめや意地悪も男性の目が無い所で行われるのが多いが、こういったケースに際し、父や夫が実は見ていて味方をしてくれたので救われた、という話も聞く。

4　宗教上の代父母

本章の最後に、日本ではあまり一般的でないが、マザレス女性と親戚の関係を考える上で重要な制度について触れておく。

どうやら日本では誤解して使用されていると思われる言葉に、「ゴッドファーザー」とか「ゴッドマザー」がある。親分肌の人のことを指しているようだ。本来これはキリスト教の言葉で、「ゴッドペアレンツ」という存在を知らなければ正しく理解できない。

日本にはキリスト教徒は人口の1％しかいない。私は中学高校がキリスト教（カトリック）の学校だったので、周りに4名のキリスト教徒がいる。その人たちに、ゴッドペアレンツ等について聞いてみた。

ゴッドペアレンツとは「宗教上の両親」で、色々と宗教について教える親役のことである。基本的には、カトリックの幼児洗礼の場合に任命するそうだ。プロテスタントに成人後入信しても、ゴッドペアレンツはつかないようだ（諸派ある）。

ゴッドペアレンツには、万が一父母に何かあったら、代わりに育てるという責務もあるそうだ。しかし、最近では信者の高齢化もあり、重い任務なので引き受けてくれる人が少ないという。どうしても高齢な信者さんに頼むことになり、ゴッドマザーが実の母親よりもずっと年上ということもあるそうだ。親が亡くなった場合に代わりに育てるどころか、まだ子供のうちにゴッドマザー・ゴッドファーザーが亡くなってしまう傾向があるという。また、ゴッドマザーはご主人の転勤などで遠方に行ってしまうこともあり、そうすると役目を果たせない。

そもそも日本のゴッドペアレンツの役割は、海外のそれより重くないという。最近では海外でも、ゴッドペアレンツの役割は軟化したそうで、目をかける程度とか誕生日にカードを送ったりする程度とも聞く。

また、より助けるのは、兄弟姉妹がゴッドペアレンツを兼ねているからであろうと思われる(Ellingson & Sotirin 2006)。特にイタリア系では例えば、母親の姉妹がその子のゴッドマザーを引き受けるという。つまり、代父母でもあり、伯母叔母でもある(Leonardo 1984)。

海外の調査では、母亡き後、叔母が母の代わりになってくれたという発言があるが、この宗教上の代父母と関係しているのではないかと思われる。

第6章 意地悪な他人、親切な他人

1 人の不幸は蜜の味？

「人の不幸は蜜の味」という言葉がある。「誰かが失敗したときに、思わず湧きおこってしまう喜びの感情」（中野 2018: 14）という、シャーデンフロイデとも呼ばれるこの感情を、目の当たりにしたマザレス女性は少なくない。

母を早くに亡くすことは、失敗ではなく不幸だが、ある種の人々には他人の不幸を見たり聞いたりするのは、心地良いらしい。このような例を以下に挙げていく。

一番多く聞かれたのが、「野次馬根性丸出しの人が多い」ということだ。

「なぜ死んだの？」「いつから病気を患っていたの？」「それで、家族はどうしたの？」「お父さんは再婚するの？」――こういった質問が、不躾に投げかけられたという。

質問してくる人は誰も、知りたくて知りたくてたまらない様子だったというが、好奇心というより野次馬根性といったほうが合っているだろう。

本章では、マザレス女性が直面した他人からの反応や対応の例から考えてみたい。

自分の話にすり替える人

私自身のケースだが、会社の10歳以上年上の男性が、世間話で私の母の不幸を知って根掘り葉掘り聞いてきた。仕方なく60代でがんで亡くなったことなどを語ったのだが、私の話を聞き終わるやいなや、「僕の母はまだ60代ですよ、死にませんよ!」と言った。

私は「はぁ!?」と呆れかえり、その人の顔をまじまじとのぞき込んだ。私の話を聞いた直後の発言とは信じがたい。正しくは「僕の母親には死んでほしくない」ということだろうが、要するに人の話を聞いていていないのだ。その後、彼は自分の60代の母の話を始めた。

人の話を聞いているようで、結局は自分の話をしたいだけの人は多い。脳に快感だからだろう(Tamir & Mitchell 2012)。現代は自分の話をしたくてうずうずしている人がごまんといる。それは構わないが、誰かの話題に乗っかりながら、巧みに自分の話をするのはいかがなものかと思う。相手を傷つけてまで自分の話をしないでほしい。何故なら誰にとっても、特に女性にとって母の死は、非常に繊細な問題なのだから。

「とても嫌な気分になった」という同様の意見は、インタビューでも聞かれた。親を亡くした子ども相手にも同じことをする人はいるらしい。「話を聴くよ」と言いつつ子どもに近づき、途中から自分の話にすり替える人もいるそうだ（西田・高橋 2013）。

現代にはＳＮＳやブログなど、自己顕示欲や承認欲求を満たすことのできるツールは溢れている。子ども相手にまでそういった大人げない行動をとるということは、やはりネットではなくリアルな関係の中で自分の話を聞いてもらいたいということだろうか。

「悪事千里を走る」

ある人は全く知らない人（地域の人）が彼女を見て、「この前お母さんが亡くなった人ね？」と喋っているのを見たという。なぜ自分が知らない人までが、そんなプライベートなことを知っているのだろうかという驚きを感じるとともに、悲しく思ったそうだ。

その時彼女は、「人の不幸の話は皆大好きなんだな、嫌だな」と思ったそうだ。同様の意見は複数聞かれた。まさに「悪事千里を走る」である。

確かに誰かの死亡情報、または誰かの親族の死亡情報を頼んでもいないのに教えてくれる人は、男女を問わずいる。そもそも、その対象の人が私の知らない人の場合もあるから、この手の情報の拡散の速さには驚く。

地縁や血縁が重視される地方では、とりわけこういった傾向が根強い。そこに因習のようなものが加わることもあるようだ。

数名、田舎で育った人たちから、「縁起が悪い子」と友人から避けられ悲しかったという話を聞いた。

「縁起が悪い」について調べると、宗教人類学者の波平恵美子は次のように言う。

『死は不浄であり、儀礼によってそれを取り除くべきだ』という考えは、洋の東西を問わず見られる事象だ。そして死んだ人間の家族や血縁者が不浄性を帯びると考える文化は多い。その不浄性は更なる不幸や不運を招く故に、早急に取り除かなくてはならず、その為に儀礼（葬儀）が行われる。仏教は、その教義では死を不浄だとする観念は無いが、日本において民族化し、土着化した仏教においてはあるようだ。それは死の直後が最も不浄性が強く、時間の経過と死者儀礼（葬式や法要）の積み重ねによって、その不浄性が取り除かれると考えられている」（波平 1993: 120-121）。

このように、その地方で土着化した宗教で「縁起が悪い」と言っているだけあり、正式な仏教の考えには基づいてはいない。気にすることもないと言いたいところだが、「縁起が悪い」と言われた当人は、気分が良くないのは当たり前である。

2　世間の人は正しく知らない

私がマザレス女性の会を主宰していて、インタビューや研究をしていると言うと、「やっぱり、彼女たち母子家庭みたいに、貧困で不幸なの？」

「継母にいじめられたの？」（父が再婚した前提になっている）

「親戚の家をたらい回しにされたりしたんでしょう？」

などと、頭ごなしに決めつけて質問してくる人が少数だがいる。偏見としか言いようがないが、こういった先入観をもっているということは、片親家庭の話はよく耳にしており、「不幸だ」と内心思っていることが想像できる。

実際の話、「マザレスお嬢の会」では少々事情が異なる。メンバーにはいわゆる父子家庭（父と未成年の子供がいる家庭）を経験した人は少ない。多くは20歳以降に母を亡くしているし、20歳未満で母と死別の方も、元から祖父母と同居していた方が多い。だから完全なひとり親家庭を経験した人は実は少ない。

このように実情とイメージには乖離があるわけだが、「片親＝不幸」という思い込みは根深いものがある。

友人・知人

友人や知人からも、心無い言葉を向けられた経験が聞かれた。

「まだそんなこと言ってんの？　お母さんが亡くなったのは、だいぶ前でしょ？」

時間経過と共に悲しみや心の傷が癒されるというのも思い込みで、時間の経過と共に母親の不在が重くのしかかってくることもある。当事者の心情はわからないのだから、自分には計り知れない感情があるという想像力があってもいいと思う。

また、気丈にふるまっている様子を、「強くていいわね」と評されるのも悲しいことだという。

マザレス女性は母を亡くして、相談したり教えてもらうことができず、何でも自分で決断してやらなくてはいけないから、強くならざるをえなかったという人が多い。彼女らは頑張らなくてはいけない立場だったからしっかりしたのに、「強くていいわね」というのは、原因と結果が逆なのだ。

「あのウチお母さんがいないから、娘があんな酷いことになって」と言われたくないとの思いから、良い人間になろうと人一倍努力したという人もいた。「死んだ母の名誉を守りたい。その一心なんです」との覚悟で家事を積極的に担う場合も聞かれた。

また、何度も「え、お母さんいないの？ 亡くなったんだっけ？」という発言を繰り返す友人もいたそうだ。意地悪というより単に記憶力が悪いだけかもしれない。

ソーシャルワーカー

ソーシャルワーカーに嫌味を言われて不快だった方もいる。「自宅で介護しているのは、50代〜60代の女性だ」という固定観念があるためか、若い介護者の場合、興味本位で詮索することがあるようだ。

ある人は末期がんの母を自宅でひとりで介護している大学院生だった。大学院に行きたくても行けない状況は見れば分かる。彼女は文系の大学院生だったが、指導教官には事情を説明済みで理解も得ている。それなのに、「大学院って、そんなに行かなくてもいいものなの？　うちの息子は毎日行ってたけど」などと言われたそうだ。

そもそも文系の場合、毎日大学院には通わない。自宅で論文を書いたり、ネットで文献を探したりと出来ることは多い。このソーシャルワーカーの息子は理系の院生だったのだろう。つまり、無知がそうさせるのだ。

「この無神経な発言が、孤立している人を更に追い込む」とご本人は言っていた。自分の知っている範囲の断片的な情報から相手を判定するというのは、マザレス女性を傷つける他人からの言動に共通することかもしれない。

市役所・区役所の人

ある地方都市に住む方は、市役所の人が意地悪だったという。彼女は市役所主催の講演会を聞きに行くのが好きで、毎回チェックしているそうだ。大体が「保育付き」であったが、ある時どうしても聴きたい講演があり、保育がついていなかった。そこで、市役所に問い合わせてみた。すると

「保育は、実家を頼れませんか？」

と言われた。

そこで彼女は、

「私の母は亡くなったのでいません。父も病弱なので頼れません。講演を聴きたい人の中には、私のように子育て中で、実家を頼れない人もいますよ。むしろ、こういった人々のことも考えるのが、市役所の役目ではないですか？」

と言い、電話で説教したそうだ。

その甲斐あってか、翌年以降は全ての講演会が保育付きになったそうだ。泣き寝入りせず、反論するどころか説教までしたマザレス女性の強さが表れている好例である。

市役所や区役所などの人から同じように言われた人は多いが、もっと市民目線で考えてほしいものである。

聞かれて困ること

坂口幸弘の『喪失学』によると、遺族が一番聞かれて困るのは「なぜもっと早く病気に気づかなかったのか？」ということだそうだ（2019）。

そんなことは、遺族が一番痛感しているのだ。後悔しているのだから、あえて指摘しなくてもよいだろうと思う。これは質問した本人が、自分にこういうことが起こったら嫌だから、理由を求めてしまうのだろう。

当事者としては、内心そう思っていても口に出して聞くべきことではないと思う。それがマナーであり、思いやりだろう。ひいては人間の器の大きさであり、賢さの表れなのだ。

3　親切な他人

一方で当然だが、マザレス女性に優しく接してくれた人もいる。第3章の事例でも、そういった人の話がマザレス女性たちから聞かれた。

Aさんの元彼の母親の話は、他人だが母親と呼ばせてくれた人だ。

Bさんの話では、父親を説得してくれるなど近所のピアノの先生が力になってくれた。

Cさんの話では、アメリカでの近所の金持ち夫婦が優しく接してくれて、ゴッドペアレンツになってくれた。

これらの事例に共通するのは、親切にしてくれた人は皆当事者と同じような境遇だったり、苦労をしているということだった。不幸を経験している人は優しい、ということだろうか。

市井《しせい》のヒーローたち

第3章の体験談でFさんの兄嫁が〝神〟のようだったことを伝えた。また、Gさんの義理の兄が立派に取り立て屋に対応してくれた話もあった。かれらは親族だが、他人でも優しい人はいる。近所のそば屋さんと寿司屋さんが心配して、無料で時々夕飯を配達してくれたり、店に呼んでくれた人もいた。

助けてくれる系の親切な人々は、生活において直面する具体的な困難を解消してくれる存在だ。

精神的な励ましを与えてくれた人もいる。

教会の神父に、「君はそのままで良いんだよ」と言われ、号泣した女性は、初めて自分を肯定されたという。

先輩の看護師（キリスト教徒）に「大変な生い立ちなのに頑張っているわね。きっと神様が見守ってくれていますよ」と褒められたケースも、宗教的な背景が感じられる。

遺族外来の医者に、「大変でしたね」「頑張りましたね」と言われ心が救われたという女性もいる。

このように頑張りを認めてくれる人との出会いは、マザレス女性にとって忘れられないものとなる。

そして、自分が受けたやさしさを与える側になろうとした人もいる。上智大学のグリーフケア研究所に通学した方が2名もいるのだ。彼女らは専門的なアドバイスを受け自分自身が癒されると同時に、グリーフケアの専門家を目指しているのだ。

赤の他人に優しくされる

私自身も、他人に優しくされた体験がある。

私の第二子妊娠は、オーストラリアのシドニーでだった。妊婦の定期健診に行ったところ、「何か心配事はある？」と看護師さんに聞かれた。普通は「特にありません」と言うところ、思い切って本音を言ってみた。

「実は私は両親とも亡くなっています。夫はいるけれども、外国での出産が心配です。寂しいです」

するとその看護師さんは私のカルテをさっと最初から目を通すと、こう言った。

「あなたは34歳の今まで、手術を一度も受けたことがないのね。入院もしたことがないのね。出産以外では。何て健康で、ラッキーなの！」

それは事実なのだが、私をなんとか励まそうとしているのが、はっきりと感じられた。

「本当に？」と聞くと、「そうよ。普通、34歳だったら、一度や二度入院したり、手術しているわよ」

それが事実か否かは私にとってどうでもよかった。一見、優しそうには見えない女性だったから、その意外な言葉に感激した。その場では泣かなかったが、その励ましは涙が出るほどありがたかった。だから、今でもきちんと覚えている。

この経験を通じて、ちょっとした言葉で心が安まることもあるのだと知った。もしかしたら彼女もつらい境遇にあった人なのかもしれないが、マザレス女性こそ、こういった何気ない心配りができる存在なのだと思いたい。

親戚より他人の方が親切

何人かの人は「はっきり言って、親戚より他人の方が優しいですよ」と言っていた。そのいくつかを見てみよう。

Fさんのエピソードにあったように、大阪の社宅の主婦メンバーが優しく、産後の世話を手際よく助けてくれたそうだ。育児グループの先輩ママ友が優しかったという人も3名いた。その場合、同年代よりも10歳ぐらい上の先輩ママさんの方が、いろいろと知恵があって助けてもらったと言っていた。

ある人は学校は不登校だったが、高3の時に自動車教習所に行った。そこで、様々な大人に出会い話し、色々なところに遊びに連れていってくれたという。それで視野が広がったとのことだ。そして、高校に戻った。

亡き父、亡き母の友人に良くしてもらったという方もいる。

ある方は父親の亡くなった季節になると、亡父の友人が手紙をくれるそうだ。

「この季節になると、お父様を思い出します。お父様は○○で、良い方でした……」などと毎年したためてくるという。また、お母様の教え子や先生だった方からも手紙が来るそうだ。

良い内容の手紙は、時に最良の癒しとなる。金品だけを送っていただいても、返礼に困る上に形だけという気がする。質の良い友人は大切だし、大人としてこうした行いは見習いたいものだ。

これらのエピソードを実際に聞くと、世の中捨てたものではないと思えてくる。意地悪な人がいるのも事実だが、素晴らしい人もちゃんといて、喪失を埋めてくれるような心遣いが実際にあるのだ。

そういった行為は名もない市井の人たちによってなされ、受け取った人の心の中にだけ残り続ける。この本を通じて「名もなき親切」のいくつかに触れることで、自分もやってみようという人が一人でも増えてくれることを願う。トルストイの名言に「人生の唯一の意義は人のために生きること」という言葉がある。一度しかない人生において他人のために何かできる人は幸せだと思うし、他人の何気ない善意に励まされて頑張ってこれた人は、実際にたくさんいるのだ。

第7章　もがき苦しんだ先につかんだもの

1　マザレス女性たちの快復

何度もマザレス会に参加して、自分の話を何回でもさらけ出せる人は、みるみる回復して元気を取り戻している。本人も「参加して私は変わってきた」と言っている。自分の話をすることは脳が喜ぶ。それを親身になって聴いてくれる人がいる場所は、誰にとってもかけがえのないものだ。

ありがたいことに私は何人ものマザレス女性に、「こういう会を求めていたのだ」と感謝されている。主催者冥利に尽きるが、私の方も、皆さんの覚悟に驚かされている。マザレス女性たちの「いつも自分一人で悩みは解決し、決断してきました」という姿は、凛としていて実にかっこいい。そんな彼女たちから聞かれた珠玉の名言を紹介したい。

珠玉の名言

＊自分で選んだ夫だから、「（結婚生活が）うまくいかない」は、あり得ないのです。

＊自分が愛されたという確証が欲しいんだと思うんです。人間は。

＊自分一人でよく考えて決断した結婚だから、今後何が起ころうと私の責任だ。

＊どんなに悲しくても、私には「お腹をすかせた子どもたちがいる」ということ。この責任感が私を前進させました。

＊「いつまでも悲しみを引きずる私」は、自分でも嫌いです。

＊母の死で得られたものは、腹の座りです。もう、何があっても動じません。あれより辛い経験は人生に無いと思うのです。

＊世の中には「生まれつき障害がある人」や「病気になってそれと上手に共存して生きている

人」もいる。私たちの場合は、それがマザレスだったということ。

＊私の人生、良くもないけど悪くないね！

＊母がないからこそ得られたこともあります。それらの人々との出会いが、私の人生に彩《いろどり》を与えてくれました。

＊結婚生活は人生に必要な修行です。

＊両親の看護も看取りも「やりきった感」があります。なぜなら、それぞれに今までの親不孝を詫び、感謝を伝えられたから。親の意識がはっきりしているうちに。

インタビュー中、これらの立派な言葉をその場で聞いた私は、感動のあまり打ち震え、涙があふれた。

「毎日生きている」「家族で美味しくご飯をいただける幸せに気づいた」というような言葉が複数名から聞かれた。毎日の何気ない生活を送れていることが当たり前ではないことに気づけた人は幸せである。不意に訪れた「まさか」の事態によって傷ついたがゆえに、当たり前であることの尊さを知ることができたのだ。

専門家の力を借りる

母を失った悲しみを自力で乗り越えるのは素晴らしいことだが、時に他者の力を借りることも、同じように価値のあることだと思う。

援助希求力は現代日本において、重要度を増している。「助けて」と素直に援助を求めることが出来ずに、心を病んでしまう人が多いそうだ。大人になっても、恥ずかしくても困った時は援助を求めることの大切さを、マザレス女性から学ぶことができる。

Eさんのエピソードで、家事を習いに羽仁もと子氏の全国友の会に参加したことが聞かれた。母親から教わるであっただろう家事を専門家のところに習いに行ったわけだが、そこでの出会いや経験は、スキルの習得以上の価値を彼女にもたらしたようだ。

遺族外来の存在を知り、調べて病院に行った人もいた。そこで医師に「よく頑張りましたね」と言われて落ち着いたそうだが、これは専門家にそう言われたということが重要であり、快復につながったのである。

また、自治体の無料カウンセリングを利用した人も多かった。友人知人に聞いてもらうだけでは解決しない、腑に落ちない事柄を、こういった場所に相談することは非常に有効である。

余談だが、グリーフケアの場においては、家族が亡くなったことに納得していないのか、医療への不信不満が聞かれることが多いという。しかし当会では全く聞かれなかった。また、葬儀社へのそれも聞かれなかった。

新しい自分の家庭を築く

マザレス会のインタビューメンバーは私も入れて25人いるが、既婚者が21人いる。他は1人は最年少の大学生、1人が独身、1人は離婚歴のあるシングルマザー、もう1人はインタビュー当時婚約中であった。また、子どものいる率も高く、20人だ。母がいないので出産が怖くてできないという人は1人だった。

小さな集団のため一概には言えないが、非婚化、少子化が進む日本社会の全体傾向に対し、当会は明らかに異なる傾向をもっている。その背景には、彼女たちの「自分の家庭を持ちたい」、「子どもを産んで親子関係を再生産したい」という強い希望が感じられる。失った分だけ、その思いは強いのだ。集会でもその意見は聞かれた。

結婚の時期についても、晩婚化が進む社会の傾向とは異なり、比較的早い段階で結婚する人が多い。結婚の早さが、子どものいる率の高さにつながってもいる。

結婚時期が早いということは、決断の時期が早かったということだ。母親が亡くなった時、相手は決まってはいたが、結婚の時期をより早めた人がいた。世間には「1年間は喪に服した方がよい」との声もあるが、母が亡くなってから1年未満で結婚した人も数人いる。

インターネットを通じて情報が氾濫する社会では、結婚をためらわせる情報も多い。また、女性の社会進出が進む中で、キャリア形成期である20代〜30代前半に結婚〜出産〜子育てという選択をすることのリスクもある。そういった事情を乗り越えて結婚を選択するモチベーションとして、母親の喪失とその埋め合わせが存在するのではないか。

宗教と占い

不幸のあった家は、新興宗教の勧誘ターゲットとなる場合がある。それをきっかけに入信する人もいるようだが、マザレス会では新興宗教に入った人は皆無だった。すでに入信した人は、その宗教に救われているから来ないのだと考えられる。

伝統的な宗教では、キリスト教（カトリック）の幼児洗礼の信者が1人。キリスト教（プロテスタント）に30歳で入信した人が1人。カトリックに入信してはいないが、カトリック系の学校で強く教えを受け、心の中で今も信仰している人が1人いた。彼女らは母親の喪失を乗り越える上で、信仰が支えになったそうだ。3人のうち2人はそう明言していた。

つまり「母はなぜ死んだのか?」というマザレス女性の最大の疑問に対し、キリスト教では「それは神のご計画であった。何らかの意図があったはず」という答えを与えてくれるからだ。人知を超えた問題であり、それを聞いたらもう悩まずに済んだそうだ。だから、後は「意図は

何なのか?」だけを考え、
「きっと、私に『もっとしっかりしなさい』という教訓かな?」
などと考えたという。

占い師に一時的に頼る人も少数派だがいた。しかし、そもそも女性は全般に占いが好きだし、海外においては為政者でさえ占いにすがるのだから驚くことではない。アメリカのドナルド・レーガン元大統領も妻のナンシーが傾倒する占い師の指示に従っていたというし、ナポレオンも古代エジプトの占いの書を常時携帯し、重要なことはこれによって決めていたという。

奇跡のような友人関係

ある人は、小学生の時に母が亡くなった女子4人組で今も仲が良いそうだ。59歳になるが、全員が結婚し子どもに恵まれた。更には子育ても終わり、「旅行に行っておいで」と送り出して、お金も出してくれる優しい夫がいる。全員が健康なので毎年4人で旅行に行っているという。若い頃は辛かったが、一生の友に恵まれて幸せだという。

私はこの話を聞いたときに、感動し、神様は人生のどこで幸運を用意しているかわからないなと思った。彼女たちは人生の初期は苦難に満ちていたが、人生の後半にこんな幸運が待っていたのだ。

これまで本書で見てきたように、意地悪な人もいるが、優しい人もいる。「意地悪な人は無視して、優しい人を求めて探しましょう。見つけたら、そういう人と良い関係を築きましょう」というシンプルな教訓を実践している人は、いずれは幸せになっている場合が多い。

母がいなくて良かったこと

これは質問していないのだが、母親がいなくて良かったこともあったと述べる人がいた。

「もっと私はわがままだっただろう」（複数名）

「母親に虐待されなくて良かった。そちらの方が被害が大きいから。良い思い出だけが残っている」

「介護しないで済んだ。今自分の友人たちが介護で苦労しているから」

「母の老醜を見ないで済んだ。思い出の中の母は、若くて美しい母のまま」

「仲良し親子で、結婚しなかった可能性もある」

「闘病が続いたら、私は婚期を逃したかもしれない」

「母は個性的な人だったので、私と意見の衝突をして嫌いになっていたかもしれない」

これらの声は、多様化・複雑化する家族関係の中で生じる問題を、未然に回避できたというある種のリアリズムを反映したものだ。親子が常に良好な関係にあり、親が健康を維持し続けているのは、理想であって現実とはかけ離れたものと思っている人もいるのである。

また、「母が生きていたとて……」として次のような声も聞かれた。

「私の子は障害児なのですが、その育児の知識は母も分からないはず。今は専門家のアドバイスをもらって育てている」

2　マザレス女性の課題

マザレス会に来ない人

マザレス会に参加した人の声からマザレス女性のことを考えてきたが、会に来ない人、また来てもすぐに来なくなった人のことを考えることも、マザレス女性を知る手掛かりになるだろう。

以前、お母さんが自死の方が来たが、その方は一回で卒業されていった。当会に期待したものが得られなかった、あるいは期待できなかったと判断されたのだろうか。

事件等に巻き込まれて母親が亡くなったという方はいない。

自然災害で母親が亡くなった方も当会には来なかった。その災害ごとにグリーフケアがあるからだと考えられる。

仲が良い姉妹がいて、そこで亡き母のことを話せている人は来ない。来るのは一人っ子の方、男兄弟のみの方、もしくは姉妹がいても共感ができない人になる傾向がある。

もう一つは、現在も苦しい環境におられる方だ。参加する心の余裕がないのだと思う。一般社団法人グリーフケア協会会長で、産業医科大の宮林幸江教授によると、日本人は親を失った後、平均4年半悲しむそうだ（深澤 2018: 103）。

ネガティブ・ケイパビリティ

本来人間は、「どうして?」という疑問に対して腑に落ちる答えを探しがちだ。自分が納得し、安心したいのだ。しかし、世の中は考えて原因がわかるものばかりではない（帚木 2017）。複雑化する現代社会においては、なぜ起こったのか分からない現象を無理やり理由付けするのではなく、答えがわからないまま受け入れる能力が重要視されている。それをネガティブ・ケイパビリティと呼ぶそうだ。特に病気などは多くの優秀な研究者が研究してくれているがまだ治療法が確立されていない、原因もよくわからないものもある。その結果、家族が亡くなることになれば到底納得できない気持ちにもなるが、そこに耐えうる力が大事ということだ。

思ってもみないタイミングで母親を失ったマザレス女性にもこれは必要だ。悲しみの感情が、「なぜ自分だけ」という被害者意識に変わってしまえば、精神的な快復も難しくなってしまう。必要以上に自分を責めて、自分で自分を傷つけることのないよう、普段から注意を呼び掛けている。

女の友情って……

マザレス会のインタビューで、「結局役に立ったのは誰ですか」と聞くと、夫（当時の彼氏）と子どもが不動の1位で、2位が父親、たまに姉妹であり、「友人」と答えた人はごくわずかだった。

昔から（学生時代から）の友人が助けてくれたという人は少ない。それどころか、意地悪をされたという話が多かった。何度も母親が亡くなった話をしたのに、聞いていない（覚えていない）らしく、「えっ！　お母さんいないの!?」と毎回驚く、という声は多い。「かえって、友達の本性が分かって良かった。これで縁が切れる」という声もあった。

あるマザレス女性は20代前半で母を亡くしたが、最近友人からこう言われたそうだ。

「50代で実母を亡くした。とても悲しい。今になってようやく、あなたが『母が亡くなって悲しいし、辛い』と言っていたのが分かる」

しかし、30年間も放置されていた話題を、今更「よく分かる」と言われても、同意するのが難しいのは当然だ。

同年代の友人がマザレス女性の境遇を理解したり、思いやることができるようになるには、それなりの成熟が必要であり、時間のかかることなのかもしれない。

もちろん、昔からの友人が優しいという声もある。大きな変化があったにもかかわらず、それを理解した上で、敢えて触れずに普通に接してくれる。それは、本物の友人であろう。

「艱難汝を玉にす」

友人の無理解とは表裏一体のことだが、マザレス女性の側からは、同年代の人に「考えが甘い」と感じることが多いとの声が聞かれた。「同意できない」「苦労を知らなさすぎる」と憤慨していた方も複数名おられた。

現代ではあまり聞かれなくなった言葉に、「艱《かん》難《なん》汝《なんじ》を玉《たま》にす」がある。フランス由来の諺で、多くの困難を乗り越えてこそ立派な人間になるという意味だ。マザレス女性たちの自立した姿や人間性に触れると、この言葉は今も通用するのではないかと感じる。

現代はメンタルを病んでいる人が多いが、困難を乗り越えて強いメンタルを手に入れることもできる。私自身は宅香奈子先生の『悲しみから人が成長するとき――PTG（Post Traumatic Grouth)』（2014）という本に出会って救われた。日本ではPTSDについては広く知られるようになったが、実は困難は成長するチャンスでもある。困難に出会っても、どうせなら落ち込むより、成長する方を選びたい。そうした意思をマザレス女性から感じるのである。

新たに気の合う友人を探す

「女の友情はハムより薄い」という言葉があるらしい。娘から教えてもらった最近の若い人の諺だそうだ。

一般に女性はコミュニケーション能力が高く、友達を作ることに関しては男性よりも苦労しない人が多いが、その友達が本当に信頼できる、心の通い合った関係を構築できる相手とは限らない。そもそも昔からの友人は、たまたま学校が一緒だった人というケースが大半ではないだろうか。だから、学生時代や会社員時代の友人にこだわらなくてもよいのだ。

ママ友も同様で、子どもが通う幼稚園や保育園などがたまたま一緒なだけで、気が合うから友人になった訳ではない。ママ友から酷いいじめを受けた人もいた。

一方で、「母の死後に友人になってくれた人で優しい人はいた」という意見は結構聞かれた。人生にはたくさんの節目があり、何度も人との出会いはある。今は既婚女性でも働く時代であるから、職場またはボランティア仲間、習いごと仲間、趣味のサークルなど、出会いはその気になればいくらでもある。気の合わない友人と関係を続けるよりも、より自分に合った友人を改めて探してみたらいいのではないだろうか。

「マザーライン」の団結

「亡くなった母を知っている家族でないと、悲しみを共有出来ないと思っていた。私にとってそれは父と兄。でも、どうも共感しない。通じ合えない。そこで、マザレス会に来てみた。すると他人であっても同じ『母を亡くした』という状況の女性と気持ちが分かち合えることが分かった。女性だけの分かち合いの場があるんだなと痛感している。それ以降、毎回参加するようにしている」

あるメンバーの言葉である。

何と言っても、マザレスお嬢のメンバーに救われたという人は多い。似た境遇の人たちで、愚痴を言いあい、聴きあい、励ましあい、知恵を出しあうのは、こういったグループの神髄だ。役に立つよう有意義に利用してほしい。

エーデルマンの本に「マザーライン」という言葉が出てくる。アメリカで言う、亡くなった母を中心に祖母、伯母、叔母、姉妹、従姉妹、姪、母方の親戚にいる血の繋がった女性たちのことだそうだ（例えば母の弟の奥さんは入らない）。このマザーラインにある親族の女性が団結して悲しむそうだ。更に、これを機に亡き母の子どもたちを皆で支え合うようになるらしい。

マザレス会ではこういった話は聞かれなかったが、家父長制とは違った原理による親戚の団結があってもよいと思う。

シスターフッドの構築が難しい日本

日本は女性同士の連携・連帯感が弱い。「女の敵は女」という言葉がよく使われるが、男性中心主義の社会のなかで、女性同士が敵対する関係性になってしまう構造的問題があるように思う。

近年、「#Me Too運動」に代表されるフェミニズム第4波が到来していると言われるが、日本社会の現状はどのくらい変化しただろうか。私が最も不足していると感じるのは、シスターフッドである。

欧米では、とりわけ白人中産階級の女性の間では、シスターフッドが確かに存在する。例えば選挙で女性候補者と男性候補者がいたら、「女性候補者を応援する、だって私も女だから」といった現象だ。オーストラリアではよく見聞きしたが、マザレス会の中だけでも緩やかな団結ができていると思う。

フェミニズムとは男性社会や家父長制社会に対抗しようというものではあるが、それにはまず女性同士の団結が重要だ。しかし、日本では女性同士の差異ばかり気になってしまい、団結しにくい現実がある。既婚／未婚、子どもの有無などで分断が生じてしまうのである。何せ今は「子持ち様」という言葉が出来てしまうほどだ。

日本の場合、人種や階級、宗教の差は欧米ほど明確でないだけに、団結の機会が失われているのは残念に思うし、シスターフッドの醸成は、様々な女性にとっても生きやすい社会の構築につながるものと思う。

調査の限界について

実は、マザレスお嬢の会に参加する彼女たちが所属する社会階層は、比較的高い。父親が社会的地位の高い職業や高収入の職に就いている方が過半数だ。直接質問してはいないが、インタビューの最中に自ら語ってくれている。

こぼれ出た情報だけでも、父親が開業医、弁護士や裁判官、中小企業の社長、大企業勤務などである。亡くなったお母親も薬剤師だったり、大学教員だったり、また親戚は医者ばかり、公務員ばかり等、高学歴で、高収入の親族が多い方が目立つ。

そして本人も多くが大学・大学院卒業者（短大含む）で、一番多い職業は看護師で４人、大学の教員、県議会議員、理学療法士、同時通訳、大企業勤務の方や、父方の会社を引き継ぎ３代目の社長をやっている方もいる。

インタビューには参加していないマザレス女性だが、高校生で母を亡くし国立大医学部に進学して医師になり、現在は大学の医学部教授にまで上り詰めた女性もいる。また、同様に一流企業の役員になっている方もいる。

また、Ｃさんは50歳を過ぎてから美容師の資格を取得して働いている。Ｂさんは、出産後に看護学校に入学して看護師になったバイタリティあふれる方だ。市民防災啓蒙活動や国際交流のボランティア活動を積極的に行っている主婦もいる。私も結婚・出産後に大学院に入った。

看護師が４人（１人は今は専業主婦）もいるのも、母の死を経験したからこそ、「患者やその家族に寄り添えるのは看護師だ」という気持ちの表れであろう。

このように、彼女たちは少なくとも経済面では恵まれているケースが多く、自らも生計獲得能力がある人が多い。

井藤美由紀の調査でも、調査参加者は全員、経済的にゆとりがある家の人で、精神面では困ったことがあっても、介護や看護を投げ出したり虐待に走った人はいなかったとある(2015)。つまり、「インタビュー調査に応じる人」という時点で、ふるいにかけられていることをご理解願いたい。

また、アメリカの調査でも「18歳未満で母を失い、現在18歳未満の子どもを育てている女性」とニューヨークの新聞広告で参加者を募ったところ、参加者として集まってきたのは、全員が白人で大卒で既婚者、更には世帯収入が平均より高めの人たちだった(Mireault et al. 2002)。

これが、どうしてもインタビュー調査の限界点と言えそうだ。調査に参加する人というのは、少し心に余裕がある人に限られるようだ。

「母親を早くに亡くした」という、重すぎる話でもカミングアウトしてくれた一つの理由に、幸福度が高い人たちであることは挙げられるだろう。だから母を失ってからも、自分の意思で選挙に出馬したり、大学院に進学したり、事業を継いだり、と高い自尊心が必要とされる行動をとることができた。少なくとも、「中年になっても単独行動ができず、必ず誰かと一緒でないと行動できない」というオートノミーが低い女性たちではない。
「私の母を失うという困難の経験で、他の方を勇気付けることができるなら、こんな嬉しいことはありません。私で良ければ、是非ともお力になりたく存じます」などと、普通の30歳女性はなかなか言えないのではないか。良質な教育を受けている人物であることが、このような言動に現れている。

3 結論

彼女たちは「あがいた」。正しい方向に。すると、多様な人々に出会った。中には意地悪な人もいたが、それはなるべく忘れるようにして、良い人との出会いを大切にして生きている。「今は幸せだ」という人が多い傾向があると私は思う。どうやらそれは、理にかなっていたようだ。

クランボルツとレヴィンによると、想定外の出来事は不可避で、生涯にわたって起こる。それは誰にも予測できないし、自分ではコントロールできない。しかし、人生には自分でコントロールできるものが2つある。自分の行動と、その出来事に対してどう思うかだ。この2つをコントロールすることで、幸運につながる可能性は高まる。つまり、どんな活動にも積極的に参加してベストを尽くし、新しい人達と出会い、どんな辛い経験も財産だと思えるポジティブさを身につければ、幸運に恵まれるそうだ（2005）。

マザレス女性たちがたどり着いた心境

「私の人生、良くもないけど、悪くも無いね！」

これはCさんの言葉だ。母を失ったが故に、困り、あがき、色々な人に助けを求めた結果、様々な出会いがあった。継母にも義母にもいじめられたが、二人とも亡くなった。助けてくれた人も多かった。今は恩返しをしている。

ご飯を毎日家族で美味しくいただけることを感謝するようになったと、複数名が言っていた。そもそも今、自分が元気に生きているということが奇跡であり、感謝している。

仏陀が説いた生老病死（四苦）は、人生は苦であるという真理である。誰も苦を避けて通ることは出来ない。苦しみに立ち向かい、自分の力で、時には人の力を借りて乗り越え、今日を生きている彼女たちは、誰よりも強く、美しい。

あとがき

冒頭に「まさかは起こる」と書いた。悪い意味であった。

私はマザレス女性達のお話を聴く前は、愚痴や苦労話が多いと予想していた。それを労いたいと思っていた。

しかし、見事に予想は裏切られ、皆さんは驚くほどにパワフルな克服劇をお話ししてくれた。まさかは起こったのだ。良い意味で。まさか、こんなに感動させられるとは思わなかった。

私にとってこの本を書くのは感情的に非常に辛い仕事だった。一人ひとりに感情移入してしまうからだ。お話を聴いたときもそうだし、思い出して書いていると「どんなに辛かったことだろうか」と想像してしまう。自分も経験しているから分かるのだ。

何度も共に涙を流しながら、お話を聴き、書き起こしていった。お話を聴いた日は私も、どんより心が重くなってしまった。

しかし、毎回参加している主催者の私が、一番元気になってしまったかもしれない。マザレスの皆さんのたくましいお話を一番たくさん聴いたことは、何より私自身への励ましとなった。

今まで少なくとも50名以上のマザレス女性の声を聴いてきた。有意義なお話が多かった。特に今回のインタビューに応じてくださった方々は、複数回出席したり積極的に発言してくださる方々だ。この貴重な経験をお話しくださったマザレスの方々に深く感謝いたします。

また、花伝社の佐藤恭介編集部長には大変お世話になった。大幅に改良し、読みやすく洗練された作品にしていただいた。心から感謝申し上げます。

幸せは誰かにしてもらうのではなく、自分で掴むもの。受け身でいるだけでは、良いことも何も始まらないのだ。

幸せになるために自ら行動しなくてはならない――これが、マザレス女性から教わった最大の教訓である。

参考文献

［日本語文献］

井藤美由紀（2015）『いかに死を受けとめたか：終末期がん患者を支えた家族たち』ナカニシヤ出版
海野弘（2011）『おじさん・おばさん論』幻戯書房
エーデルマン、ホープ（1995）『母を失うということ：娘たちの生き方』ＮＨＫ出版
クランボルツ&レヴィン（2005）『その幸運は偶然ではないんです！』ダイヤモンド社
厚生労働省（2022）「令和３年度全国ひとり親世帯等調査」
斎藤環（2008）『母は娘の人生を支配する』ＮＨＫブックス
坂口幸弘（2019）『喪失学』光文社新書
末盛慶（2013）「性別役割分担をめぐる夫婦間交渉」日本福祉大学社会福祉論集１２８号 35-50.
宅香奈子（2014）『悲しみから人が成長するとき――ＰＴＧ（Post Traumatic Growth）』風間書房
チョドロウ、ナンシー（1981）『母親業の再生産』新曜社（原作１９７８年）
中野信子（2018）『シャーデンフロイデ』幻冬舎新書
波平恵美子（1993）「3章　弔い：死者儀礼に表現される死の観念」河合隼雄他編『死の科学と宗教』岩波書店
西田正弘・高橋聡美（2013）『死別を体験した子どもによりそう：沈黙と「あのね」の間で』梨の木舎
深澤友紀（2018）『産声のない天使たち』朝日新聞出版

フロイト（1970）井村恒郎・小此木啓吾他訳「悲哀とメランコリー」『フロイト著作集６』人文書院
帚木蓬生（2017）『ネガティブ・ケイパビリティ：答えの出ない事態に耐える力』朝日新聞出版
宮崎貴久子・斎藤真理（2003）「死別体験が家族に与える影響」家族社会学研究14巻２号 pp.54-65.

[英語文献]

Baxter, Janeen(1993) *Work at Home: The domestic division of labour*, Brisbane: University of Queensland Press.

Chochinov H. & Holland J. C. (1989) “Bereavement”, In Holland J. C., Rowland J. H. (ed.), *Handbook of psycho-oncology*, Oxford University Press.

Davis & Jones(1992) “Definition of self and attachment among adult daughters”, *Issues in Mental Health Nursing*, 13, 321-331.

Doka, Kenneth & Martin, Terry (2010) *Grieving Beyond Gender: Understanding the Ways Men and Women Mourn, Revised edition*, Routledge.

Edelman, Hope (2006) *Motherless Mothers: How Losing a mother shapes the Parent You become*, NY: Harper Collins.

Eisenstadt, Marvin et al. (1989) *Parental Loss and Achievement*, International Universities Press.

Ellingson L.L, &Sotirin P.J., (2006) “Exploring Young Adults perspectives on communication with aunts”, *Journal of Social and Personal Relationships*, 23(3) 499-517.

Franceschi, K.A. (2004) *The experience of the transition to motherhood in women who have suffered maternal loss in adolescence*, Alliant International University, San Diego.

Holdsworth, C. (2007) Intergenerational inter-dependencies: Mothers and daughters in comparative perspective, *Women's Studies International Forum*, 30, 59-69.

Holland, J. (2001) *Understanding Children's experiences of parental bereavement*, Jessica Kingsley Publishers.

Klass, D. et al. (1996) *Continuing bonds: New understandings of grief*, New York: Taylor & Francis.

Leonardo Micaela di (1984) *The Varieties of Ethnic Experience: Kinship, Class, and Gender Among California Italian-Americans (Anthropology of Contemporary Issues)*, Cornell Univ Press.

Lokker, L.J. (2010) *An exploratory study of the experience of motherhood among maternally bereaved women*, Dissertation, Rutgers University-Graduate School of Applied and Professional Psychology.

McGoldrick, Monica (2004) "Gender and mourning" in F. Walsh and M. McGoldrick(eds.), *Living beyond loss: Death in the family*, New York, NY: Norton.

Mireault, Gina et al. (2002) "Maternal Identity Among Motherless Mothers and Psychological Symptoms in their Firstborn Children" in *Journal of Child and Family Studies*, Vol.11, No.3, September 2002, pp.287-297.

Parkes, C. M.(1998) *Bereavement: Studies of grief in adult Life*, London: Penguin Books.

Pashos & McBurney (2008) "Kin relationships and the caregiving biases of grandparents, aunts, and uncles", Human Nature 19(3), 311-330.

Pombo, Adriana Setareh (2023) *The Traumas and Triumphs of Women who lost their mothers in*

Adolescence, PhD Dissertation submitted to Alliant international University, San Diego.
Rando Therese. A. (1988) *Grieving: how to go on living when someone you love dies*, MA: Lexington Books.
Rastogi, M . (2002) Mother-Adult daughter Questionnaire : Developing a Culturally Sensitive Instrument, *The Family Journal* 10(2):145-155.
Rastogi & Bhatia(2016) "Young Adult Daughters' Experience of Maternal Loss: Self, Relationships, and Culture", *Journal of Systemic Therapies*, Vol.35(4) pp.23-40.
Rowe & Harman(2014) "Motherless mothers: Maternally bereaved Women in their Everyday Roles as Mothers", *Journal of Family Studies* 20(1) 28-38.
Stanford Encyclopedia of Philosophy
https://plato.stanford.edu/entries/feminism-autonomy/（最終アクセス日２０２４年２月15日）
Stillion & McDowell (1996) *Suicide Across The Life Span*, Routledge.
Suitor & Pillemer (2006) "Choosing Daughters: Exploring why mothers favour adult daughters over sons", Sociological Perspectives, 49, 139-161.
Tamir, Dian & Mitchell, Jason P. (2012) "Disclosing information about the self is intrinsically rewarding", PNAS 22 May 2012(109)no.21, pp.8038-8043.
Tonkin, L. (1996) "Growing around grief-Another way of looking at grief and recovery", *Bereavement Care*, 15(1), 10-10.
Usuda, Akiko (2010) Husbands' Inconsistencies and Resistance: Japanese Husbands' *Views on*

Employment of Married Women, Lambert Academic Publishing (Germany).

Worden, J. W., & Winokuer, H. R. (2022) "A Task-Based Approach for Counseling the Bereaved", In *Grief and bereavement in Contemporary Society: Bridging Research and Practice* (pp. 57–67).

Worthington, Marjorie (2009) "The Motherless "Disney Princess" : Marketing Mothers out of the Picture" in *Mommy Angst: Motherhood in American Popular Culture*, (Eds) Ann C. Hall & Mardia Bishop.

Yamamoto, Okonogi et al. (1969) "Mourning in Japan" Published Online: 1 Apr 2006 https://doi.org/10.1176/ajp.125.12.1660

臼田明子（うすだ・あきこ）

旧姓筒井。1963年東京生まれ、神奈川育ち。昭和女子大学現代ビジネス研究所研究員（2013年～現在）。任意団体「マザレスお嬢」（母親と早期死別した女性の会）主宰（2018年～現在）。

雙葉高校、慶應義塾大学文学部（英米文学）卒業後、NECに8年半勤務。その間に29歳で結婚、30歳で第一子出産。育児休職中に夫がオーストラリアのシドニーに転勤となり、帯同するため退職。シドニー大学大学院修士課程ジェンダー・スタディーズ専攻入学。在学中に第二子出産。修士号（Master of Letters）取得。ニュー・サウス・ウェールズ大学大学院で女性学（Women's Studies）専攻にて博士号（PhD）取得。2024年初孫誕生。

単著に、『女性進出の影で：オーストラリアのジェンダー事情』（新風舎、2003年）、"Husbands' Inconsistencies and Resistance: Japanese Husbands' Views on Employment of Married Women"（博士論文）（LAP Lambert Academic Publishing、ドイツ、2010年）、『オーストラリアの学校外保育と親のケア』（豪日交流基金・オーストラリア大使館出版賞受賞・旧サー・ニール・カリー賞、明石書店、2016年）。

共著に、池本美香（編著）『子どもの放課後を考える――諸外国との比較で見る学童保育問題』（「第7章オーストラリア」を担当執筆。勁草書房、2009年）、松村祥子・野中賢治（編著）『学童保育指導員の国際比較』（「オーストラリア」の章を担当執筆。中央法規出版、2014年）。

母を亡くした女性たち――「マザレス女性」は何を思い、どう生きたか

2024年9月10日　初版第1刷発行

著者 ――― 臼田明子
発行者 ―― 平田　勝
発行 ――― 花伝社
発売 ――― 共栄書房
〒101-0065　東京都千代田区西神田2-5-11出版輸送ビル2F
電話　03-3263-3813
FAX　03-3239-8272
E-mail　info@kadensha.net
URL　https://www.kadensha.net
振替 ――― 00140-6-59661
装幀 ――― 生沼伸子
印刷・製本―中央精版印刷株式会社

ISBN978-4-7634-2134-0 C0036